인스타그램&
네이버
블로그로
매출이 올라가는
입소문 만들기

전경옥 지음

. . . .

마케팅 1도 모르는 사장님이
핫플, 맛집, 대박 아이템으로
소문나는 비법!

KB092445

1-13 한빛미디어
Hanbit Media, Inc.

지은이 **전경옥**

모든 소상공인이 자신의 꿈을 실현시킬 수 있도록 돕는 SNS 마케팅 강사이자 브랜드 마케팅 기업 알리제의 대표입니다. 트렌드를 놓치지 않고 더 많은 사람을 제대로 도울 수 있도록 억대 이상의 비용을 들여 관련 분야 강의를 수강해왔습니다. 화려한 말로 기대감을 심어주는 강의보다 자신의 사업에 SNS 마케팅을 적용하고 지속할 수 있으며, 실제로 도움 될 수 있는 강의를 하고자 노력합니다.

농협, 사회복지사협회, 웅진코웨이, 한국능률협회, 의왕시소상공인연합회, 광주평생교육진흥원, 충남지식산업센터, 과천창업상권활성화센터, 완주군청, 김제시청, 전주시청, 호원대학교, 전주대학교, 전북대학교 등 다수 기업 및 기관에서 강의했습니다. 저서로는 《미리캔버스 너도 디자인 할 수 있어!》가 있습니다.

Email yeswecan_@naver.com
Instagram @alize_corp
Naver Blog blog.naver.com/synergylab_

인스타그램&네이버 블로그로

매출이 올라가는 입소문 만들기

초판 1쇄 발행 2022년 11월 11일
초판 2쇄 발행 2023년 03월 27일

지은이 전경옥 / **펴낸이** 김태헌
펴낸곳 한빛미디어(주) / **주소** 서울특별시 서대문구 연희로 2길 62 한빛미디어(주) IT출판1부
전화 02-325-5544 / **팩스** 02-336-7124
등록 1999년 6월 24일 제25100-2017-000058호 / **ISBN** 979-11-6921-047-8 13000

총괄 배윤미 / **책임편집** 장용희 / **기획** 박동민 / **편집** 김승주 / **진행** 장용희
디자인 표지 최연희 내지 윤혜원 / **전산편집** 김보경
영업 김형진, 장경환, 조유미 / **마케팅** 박상용, 한종진, 이행은, 고광일, 성화정 / **제작** 박성우, 김정우

이 책에 대한 의견이나 오탈자 및 잘못된 내용에 대한 수정 정보는 한빛미디어(주)의 홈페이지나 아래 이메일로 알려주십시오.
잘못된 책은 구입하신 서점에서 교환해 드립니다. 책값은 뒤표지에 표시되어 있습니다.
한빛미디어 홈페이지 www.hanbit.co.kr / 이메일 ask@hanbit.co.kr / 자료실 www.hanbit.co.kr/src/11047

지금 하지 않으면 할 수 없는 일이 있습니다.
책으로 펴내고 싶은 아이디어나 원고를 메일(writer@hanbit.co.kr)로 보내주세요.
한빛미디어(주)는 여러분의 소중한 경험과 지식을 기다리고 있습니다.

믿고 따라 할 수 있는 SNS 마케팅 운영법

필자는 SNS 마케팅 강사이자 브랜드 마케팅 기업을 운영하고 있습니다. 수많은 소상공인을 대상으로 강의와 컨설팅을 진행하며 현장에서 사장님들이 얼마나 치열하게 돈을 벌고 있는지, 매출을 올리기 위해 얼마나 절실하게 노력하고 있는지 알게 되었습니다.

이 책에서는 실천하기 어려운 화려한 마케팅 이론과 기법을 알려주지도 않고 오늘 SNS 마케팅을 시작하면 내일부터 효과를 볼 수 있다는 기대감을 심어주지도 않습니다. SNS 마케팅으로 좋은 결과를 만드는 가장 확실한 방법은 마케팅을 공부하는 것이 아니라 고객과 매일매일 관계를 맺는 것이기 때문입니다.

좋은 SNS 마케팅 강의는 수강생이 강의를 들은 후 작은 일이라도 즉시 행동하게 만드는 힘이 있어야 한다고 생각합니다. 자신의 사업에 생명력을 불어넣고 싶은 모든 개인 및 기업과 함께 SNS 마케팅을 실천한다는 마음으로 집필했으니, 본문에서 소개하는 내용을 꼭 실행에 옮기기를 바랍니다. 마지막으로 이 책을 읽는 독자분들께 진심으로 감사를 전합니다.

2022년 11월
전경옥

핵심만 쏙쏙 뽑아낸

입소문 만들기 전략

인스타그램&네이버 블로그에서 내 사업을 홍보하고 고객과 소통하는 방법을 여러 가지 사례와 도표, 친절한 설명을 통해 쉽게 알려줍니다.

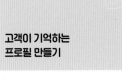

고객이 기억하는 프로필 만들기

잘 검색되는 인스타그램 이름 만들기

인스타그램에서 이름은 고객이 브랜드를 기억하는 데 중요한 역할을 합니다. 인스타그램에서는 사용자 이름과 이름, 두 가지가 존재합니다.

사용자 이름

사용자 이름은 영어와 숫자, 기호 등으로 되어 있는 아이디(ID)입니다. 'instagram.com/(사용자 이름, 아이디)'를 넣어 검색할 때 사용하는 주소에 들어가기도 합니다. 사용자 이름에는 한글을 사용할 수 없습니다.

▲ 사용자 이름과 이름

CHAPTER 02 | 고객에게 각인되는 인스타그

이웃순서는 그룹별 이웃을 가나다순, 새글순 등의 기준으로 보여줍니다. 소통에 초점을 두고 여러 방식을 시도하면서 내 블로그 운영 방식과 가장 맞는 소통 방식을 찾도록 합니다.

▲ 이웃순서

♠ 입소문을 부르는 SNS 실전 노하우 ♥99

열린이웃 기능 알아보기

열린이웃 기능을 활용하면 웹주소만 입력해도 다음 블로그나 티스토리 블로그 등 네이버 블로그 외의 다른 플랫폼의 블로그까지 이웃을 맺고 타 플랫폼의 게시글을 바로 볼 수 있습니다. ① [이웃・그룹 관리]에서 [열린이웃] 탭을 클릭하고 ② [열린이웃(RSS) 추가]를 클릭합니다. ③ 다음, 티스토리, 이글루스, 파란, 싸이월드 등의 블로그 주소를 이웃 그룹에 추가할 수 있습니다.

166 인스타그램&네이버 블로그, 댓글이 끌리가는 입소문 만들기

입소문을 부르는

SNS 실전 노하우

내 사업을 마케팅하기 위해 인스타그램&네이버 블로그를 운영할 때 알아두면 좋은 유용한 지식과 다양한 정보, 꿀팁 등을 소개합니다. SNS 마케팅 강사인 저자의 풍부한 노하우를 아낌없이 담았습니다.

함께 결과물을 만드는
직접 해보는 마케팅

본문에서 실습이 필요한 내용은 단계별로 과정을 나누어 따라 할 수 있도록 구성했습니다. SNS 마케팅에 대한 감을 자연스럽게 익힐 수 있습니다.

직접 해보는 SNS 마케팅

원하는 카테고리 상단에 설정하기

자주 노출하고 싶은 카테고리가 있다면 상위 카테고리 중 세 개를 선택해 블로그 상단 메뉴바에 노출할 수 있습니다. 원하는 카테고리를 화면 위쪽 위치에 설정해보겠습니다.

01 블로그 메인의 카테고리에서 [전체보기] 오른쪽에 있는 [EDIT]를 클릭합니다.

02 [메뉴 · 글 · 동영상 관리] 탭의 왼쪽 메뉴에서 [메뉴 관리]-[상단 메뉴 설정]을 클릭합니다.

03 ❶ [상단 메뉴 지정]의 [블로그 카테고리]에서 상단 노출을 원하는 카테고리를 클릭한 후 ❷ [선택]을 클릭합니다. ❸ 선택한 메뉴가 여러 개라면 순서를 설정합니다. ❹ [미리보기]를 클릭해 실제 화면에서 상단 메뉴바를 확인합니다. ❺ [확인]을 클릭합니다.

핵심 콕콕 TIP [메뉴 · 글 · 동영상 관리] 탭의 왼쪽 메뉴에서 [메뉴 관리]-[블로그]를 클릭하면 카테고리와 구분선을 추가할

CHAPTER 03 | 고객이 만족하는 네이버 블

라이브커머스 노하우를 가득 담은
특별부록

라이브커머스를 시작할 때 필요한 것, 스튜디오 세팅 방법, 라이브 방송 팁 등 저자가 실제로 라이브커머스를 진행하며 쌓아온 노하우를 자세히 소개합니다.

시청자와 적극적으로 소통하기

라이브커머스와 일반 TV 홈쇼핑의 가장 큰 차이는 '커뮤니케이션'입니다. 라이브커머스에는 채팅 기능이 있기 때문입니다. 단순하게 시청자와 대화를 주고받기보다 좀 더 적극적으로 소통하는 방송을 사용하는 것이 좋습니다. 예를 들어 시청자 퀴즈를 내거나 SNS 이벤트에 참여하는 장면을 찍고 태그를 걸어 인증하면 그 장면을 방송에 내보내고 추첨을 통해 선물을 주는 방법 등이 있습니다.

라이브 방송 테스트하기

스튜디오 세팅 및 라이브커머스 기획까지 마쳤습니다. 이제는 실제 방송에 들어가기 전에 방송을 제대로 진행할 수 있는지 테스트가 필요합니다. 촬영 준비가 완벽하게 세팅되었더라도 방송 중에는 예상하지 못한 기술적인 문제에 영향을 받을 수 있기 때문입니다. 라이브커머스 방송 테스트에서 어떤 내용을 확인해야 하는지 알아보겠습니다.

촬영 기기의 저장 용량 체크하기

스마트폰이나 태블릿 등 촬영 기기의 용량이 부족하면 라이브

218 인스타그램에서 블로그, 라방까지 돈으로는 친구도 돈벌이

SNS 마케팅을 직접 할 때 어디서, 무엇부터 시작해야 하나요?

이 책에서는 내 사업을 위해 SNS 계정을 직접 운영하면서 마케팅 효과를 볼 수 있도록 여러 가지 노하우를 소개합니다. SNS 마케팅을 대행사에 맡기더라도 직접 마케팅을 해본 경험이 있어야 효율적으로 마케팅을 의뢰할 수 있기 때문입니다. 시간이 부족하다면 아래 핵심 목차를 통해 SNS 마케팅을 빠르게 경험해보세요!

♡ 목차

CHAPTER 01 인스타그램&네이버 블로그 마케팅 준비하기

♡ 목차

CHAPTER 02   고객에게 각인되는
인스타그램 마케팅

♡ 목차

CHAPTER 03   고객이 만족하는 네이버 블로그 마케팅

♡ 목차

CHAPTER 04   단골을 만드는 SNS 소통법

CHAPTER 01

인스타그램&
네이버 블로그
마케팅 준비하기

사업주가 마케팅을 직접 진행할 때 가장 추천하는 방식이 바로 SNS(Social Network Service)입니다. SNS 마케팅은 사실 효과가 없다는 소문도 있습니다. 이런 경우에는 마케팅 대행사를 잘못 만났거나 SNS 마케팅을 잘못된 방법으로 진행했을 가능성이 큽니다. 지금도 SNS상에는 셀 수 없이 많은 마케팅 대행사와 사업주들이 활발하게 마케팅을 진행하고 있고, 유의미한 결과를 만들어내고 있습니다. 이 책에서는 자신의 사업을 홍보하고 싶다면 누구나 직접 SNS 마케팅을 진행할 수 있도록 차근차근 안내합니다. 더불어 성공적인 마케팅 효과를 보기 위해 꼭 알아두어야 할 다양한 노하우를 소개합니다.

사업주가 조심해야 하는
마케팅 대행사의 제안

온오프라인에서 브랜드를 운영하기 시작하면 전화나 이메일, 네이버 쪽지 등을 가리지 않고 수많은 마케팅 대행사로부터 연락을 받게 됩니다. 보통 사업주는 바쁜 일정에 쫓겨 직접 마케팅을 시작하기 어려운 경우가 많기 때문에 마케팅 대행 제안은 상당히 솔깃하게 들릴 수밖에 없습니다. 결국 큰 고민 없이 마케팅을 대행하게 되지만 처음부터 무작정 마케팅 대행 서비스를 구매하면 재정적으로나 시간적으로 큰 손해를 입을 수 있습니다.

> **핵심 콕콕 TIP** 브랜드란? 브랜드는 특정 제품이나 서비스를 알아볼 수 있도록 사용하는 이름, 디자인 등을 말합니다. 브랜딩에 대한 자세한 내용은 029쪽을 참고합니다.

사업주에게 손해를 입히는 몇몇 마케팅 대행사의 전형적인 전략을 알아보겠습니다.

첫 번째는 가격입니다. 마케팅 비용에 대해 정확히 알기 어려운 사업주에게 의도적으로 마케팅 대행 서비스의 단가를 시세보다 높게 부릅니다. 예를 들어 특정 브랜드를 네이버 검색 결과 상위에 노출시켜주는 비용으로 세 달에 300만 원을 지불해야 하지만 특가 이벤트를 통해 반값인 150만 원으로 진행할 수 있다고 제안하는 것입니다. 또는 처음 마케팅 서비스를 계약할 때는 월 20만 원이었으나 원하는 만큼의 마케팅 효과를 보려면 이러저러한 추가 비용이 발생한다며 점점 더 많은 돈을 지불할 수밖에 없도록 유도하기도 합니다. 마케팅 대행 서비스를 중단하려고 하면 위약금을 핑계로 정당한 환불을 전혀 해주지 않는 경우 역시 많습니다.

두 번째는 공식 대행사 사칭입니다. 사업주에게 '저희는 네이버 공식 마케팅 대행사 ○○○입니다'와 같이 소개하는 마케팅 대행사가 종종 있습니다. 일반적으로 네이버에서는 직접 연락할 때 '네이버 고객센터입니다' 또는 '네이버입니다'라고 소개하지, '네이버 공식 마케팅 대행사입니다'라고 말하지 않습니다. 게다가 이용자가 넘쳐나는 네이버에서 직접 마케팅이 필요한 고객을 찾기 위해 개인에게 연락하는 일은 거의 없다고 볼 수 있습니다.

👤 입소문을 부르는 SNS 실전 노하우

어떤 마케팅 대행사를 이용해야 하나요?

마케팅을 대행하고자 한다면 업체를 주의해서 선택해야 합니다. 마케팅 대행사의 제안을 받아들이기 전에 내가 직접 마케팅 대행사를 찾아보는 것이 좋습니다. 비용이 좀 더 들더라도 이름이 알려진 대형 업체나 공식 마케팅 대행사에 의뢰합니다. 네이버 공식 광고 대행사 리스트는 인터넷에서 쉽게 구할 수 있으므로 해당 업체가 리스트에 있는지 비교해보는 것도 좋습니다. 비용에 관한 시세 파악 역시 중요합니다. 여러 상황과 조건에 따라 금액이 천차만별이기 때문에 인터넷을 통해 알아봅니다. 숨고(www.soomgo.com)나 크몽(www.kmong.com) 등 프리랜서 마켓에서 마케팅 대행 서비스의 견적을 내보고 검색을 통해 여러 마케팅 대행사의 서비스 금액을 비교해보며 시세를 확인한 후 업체를 선택하는 것이 좋습니다.

▲ 숨고   ▲ 크몽

마케팅에 대해 무지한 상태로 마케팅 대행 서비스를 구매하는 것은 너무나 불확실한 운영 방법입니다. 또한 대행 업체에서 진행하는 광고와 자신이 사업을 직접 홍보하는 광고는 질적으로도 차이가 날 수밖에 없습니다. 따라서 브랜드를 운영하는 사업주라면 스스로 마케팅을 해봐야 합니다. 마케팅 활동을 조금이라도 경험해보면 이후 대행사에 마케팅을 맡기더라도 좀 더 합리적인 의사결정을 할 수 있습니다.

마케팅을 위한
SNS 플랫폼
알아보기

SNS 플랫폼에서는 누구나 시간과 공간의 제약 없이 스마트폰만 켜면 수많은 콘텐츠를 접할 수 있습니다. 마케팅 관점에서 보면 SNS는 언제 어디서든 내 브랜드를 널리 홍보할 수 있는 강력한 수단입니다. SNS 마케팅은 선택이 아닌 필수라고 할 수 있습니다.

▲ 다양한 SNS 플랫폼

페이스북, 인스타그램, 유튜브, 네이버 블로그, 틱톡 등 SNS 플랫폼의 종류는 시간이 지날수록 많아지고 있습니다. 모든 SNS 플랫폼에 빠짐없이 브랜드 채널을 개설해 운영하면 좋겠지만 인력을 뒷받침할 수 있는 큰 기업이 아닌 이상 불가능한 일입니다. 규모가 큰 기업역시 여러 SNS 채널을 전부 알차게 운영하기는 매우 어렵습니다.

마케팅을 위한 SNS 플랫폼을 선택할 때는 전략적인 접근이 필요합니다. 내가 잘할 수 있고 내 브랜드와 잘 맞는 SNS 플랫폼을 선정해 집중적으로 활동해야 합니다.

인스타그램과 네이버 블로그

이 책에서는 국내에서 가장 많이 사용하는 SNS 플랫폼 중 초보자가 시작하기 좋은 인스타그램과 네이버 블로그로 마케팅하는 방법을 소개합니다. 두 플랫폼의 특징을 간단히 살펴보고 자신에게 더 잘 맞는 플랫폼이 무엇인지 선정해봅니다.

인스타그램은 사진과 영상이 돋보이는 플랫폼입니다. 애플리케이션을 시작하면 바로 다른 사람이 업로드한 사진과 영상이 보입니다.
네이버 블로그의 경우는 사진이나 영상 없이 글만 업로드할 수도 있는 반면, 인스타그램은 사진이나 영상 콘텐츠가 없으면 업로드할 수 없습니다. 긴 동영상을 업로드할 수 있는 기능이 업데이트되기 전에는 1분 이상의 동영상은 업로드할 수 없었을 만큼 인스타그램은 사진 중심의 플랫폼입니다.

인스타그램 게시물 ▶

인스타그램과 달리 네이버 블로그는 글을 중심으로 소통하는 플랫폼입니다. 당연히 글만 업로드할 수도 있고 글감을 첨부하거나 사진, 동영상 등을 함께 업로드하는 등 인스타그램에 비해 더 자유롭게 콘텐츠를 구성할 수 있습니다. 네이버에서 콘텐츠를 꾸밀 수 있는 여러 글쓰기 기능과 소스를 지원하지만 궁극적으로 네이버 블로그는 글로 사람을 설득하는 플랫폼이라고 볼 수 있습니다. 또한 네이버 검색과 연동되어 있어 인터넷 검색을 통해 채널을 방문하는 사람의 비율이 높은 플랫폼입니다.

▲ 네이버 블로그 게시물

어떤 플랫폼이
마케팅에 유리할까?

인스타그램은 사진 중심의 플랫폼이기 때문에 사진을 잘 찍거나 사진 편집을 잘하는 사람이 활동하기 좋습니다. 블로그는 글 중심의 플랫폼이기 때문에 글쓰기를 좋아하는 사람이 운영하기 수월합니다. 하지만 마케팅에 유리한 플랫폼을 선정할 때는 우선적으로 자신의 업종에 맞는지를 고려해보고 플랫폼을 선택하는 것이 좋습니다.

먼저 인스타그램에서 유리한 업종을 살펴보겠습니다. 인스타그램에서는 보여지는 것에 주목도가 높습니다. 이와 특성이 잘 맞는 두 가지 업종이 있는데, 바로 뷰티와 요식 관련 업종입니다. 이러

더페이스샵(thefaceshop.official) 인스타그램 ▶

한 업종에서 광고의 효율성을 높이려면 시각적인 자극이 중요합니다. 한눈에 들어오는 이미지로 콘텐츠를 구성하는 인스타그램의 특징과 잘 맞습니다.

뷰티 업종을 좀 더 세분화하면 의류나 잡화 등의 패션 제품 또는 화장품, 선크림, 팩과 같은 메이크업 제품, 미용실, 스파, 반영구, 속눈썹, 네일아트 등의 서비스를 제공하는 매장 등으로 나눌 수 있습니다.

요식 관련 업종으로는 카페, 식당, 술집을 꼽을 수 있습니다. 이러한 업종에서는 인스타그램을 통해 배달 서비스, 포장 주문, 각종 행사와 이벤트 등을 홍보합니다.

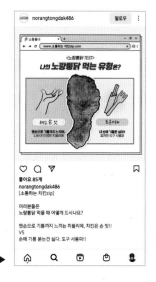

노랑통닭(norangtongdak486) 인스타그램 ▶

다음으로 블로그에서 마케팅하면 좋은 업종에 대해 살펴보겠습니다. 블로그에서 유리한 업종을 찾기 위해서는 먼저 사람들이 블로그에서 어떤 종류의 콘텐츠를 찾는지를 알아야 합니다. 블로그에서 가장 인기 있는 콘텐츠는 직접 체험해본 기록을 전하는 후기성 콘텐츠와 일상생활에서 알아두면 좋을 팁이나 노하우를 제공하는 정보성 콘텐츠입니다.

후기성 콘텐츠는 글쓴이의 체험을 통해 제품이나 서비스, 매장을 간접적으로 소개하고 홍보할 수 있습니다. 사람들이 후기성 콘텐츠를 찾는 이유는 제품이나 서비스에 대해 자세히 알고 싶기 때문입니다. 따라서 스파, 뷰티숍, 헬스장, 요가원 같은 운동 관련 업종이나 뷰티 업종이 가장 인기가 많습니다. 또 맛집 중에서는 고급스럽고 특이해서 설명이 필요한 요리가 주목을 받습니다.

▲ '강남 맛집'으로 검색한 블로그 글

정보성 콘텐츠 경우는 사람들이 관심을 가질 만한 시사, 상식, 재테크 등의 주제 또는 일상생활에서 유용한 꿀팁을 줄 수 있는 분야가 인기가 많습니다. 의료, 법률, 부동산 정보 등 전문 지식으로 콘텐츠를 제작할 수 있는 의원, 변호사 사무소, 공인중개사 등의 업종이 유리합니다. 인테리어, 레시피 등 생활의 소소한 팁을 알려줄 수 있는 업종에서도 정보성 콘텐츠를 제작했을 때 관심도가 높습니다.

▲ 전주 약선당한의원 블로그의 정보성 콘텐츠

블로그와 인스타그램을 동시에 운영하는 방법도 있습니다. 하지만 두 채널 모두 운영하기 힘들 때는 나에게 맞는 채널을 선택해야 합니다. 내가 자신 있게 운영할 수 있는 플랫폼, 그리고 내 브랜드에 적합한 플랫폼을 선택하는 방법은 037쪽에서 자세히 알아보도록 하겠습니다.

	인스타그램	네이버 블로그
특징	사진, 영상 중심	글 중심
콘텐츠	한눈에 들어오는 이미지나 영상 콘텐츠	정보성 또는 후기성 콘텐츠
유리한 업종	패션, 화장품, 뷰티 서비스(네일아트, 미용실, 속눈썹), 요식업 등	헬스장, 뷰티숍, 의료, 공인중개사, 인테리어 등

SNS 마케팅의 세 가지 핵심 키워드

SNS 마케팅으로 효과를 보려면 기본적으로 마케팅 콘텐츠가 최대한 많은 사람에게 도달해야 합니다. 다시 말해, SNS 마케팅의 핵심은 접근성입니다. 접근성이 높은 콘텐츠는 대부분 SNS에서 눈에 잘 띄는 상위에 위치하고 사람들이 관심을 가질 만한 주제로 구성되어 있습니다. 즉, 마케팅 콘텐츠를 만들 때는 주제와 업로드할 SNS 플랫폼의 특성을 동시에 고려해야 합니다.

내 브랜드를 잘 홍보하면서도 접근성이 높은 콘텐츠를 작성하기 위해서는 어떻게 해야 할까요? 여기서 바로 마케팅적 관점이 필요합니다. 사람들에게 심어주고자 하는 메시지를 기획하고 치밀한 세팅을 통해 의도한 대로 전달해야 하기 때문입니다. 마치 연극 공연을 위해 각본을 짜고 무대를 멋지게 세팅하는 일과 같습니다. SNS를 마케팅 수단으로 활용하기 위해 꼭 기억해야 할 세 가지 핵심 키워드를 소개하겠습니다. 바로 지속성, 일관성, 브랜딩입니다.

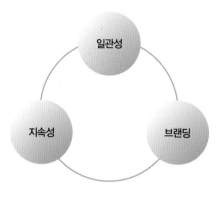

▲ 접근성이 높은 콘텐츠를 만들기 위한 조건

지속성

마케팅 콘텐츠는 지속적으로 발행해야 합니다. 한두 번 업로드하고 마는 것이 아니라 주기적으로 꾸준하게 발행하는 것이 중요합니다. SNS 채널을 개설하고 게시물을 한두 개 작성했다고 해서 내 게시물이 금세 상위에 노출되지는 않습니다. SNS 플랫폼에 내장되어 있는 인공지능에게 알맞은 방법으로 꾸준히 어필해야 인기 게시물로 노출될 확률이 올라갑니다. 예를 들어 네이버 블로그에서 게시물을 상위 노출하기 위해서는 특정 카테고리에 맞는 포스팅을 차곡차곡 쌓는 것이 기본입니다. 비슷한 게시물 중 더 좋은 콘텐츠를 골라내 상위에 노출시키는 인공지능에게 내 콘텐츠의 전문성을 인정받기 위한 방법입니다.

처음 시작하는 SNS 채널이 콘텐츠 상위 노출에 우선권을 가질 만큼 성장하기 위해서는 충분한 시간이 필요합니다. 가시적인 성과를 보려면 활동을 시작한 후 평균 6개월에서 일 년 정도의 시간이 소요됩니다. 긴 시간 동안 지속적으로 콘텐츠를 만들고 업로드하는 일은 결코 쉽지 않습니다. 인내심을 가지고 꾸준하게 실천하겠다는 마음가짐이 중요합니다.

일관성

마케팅 콘텐츠는 일관된 주제로 발행해야 합니다. 사람들이 내 SNS 채널을 여러 번 방문하도록 만들려면 방문자에게 '이 채널에서는 어떠어떠한 종류의 콘텐츠를 볼 수 있다'라고 확실하게 각인시킬 수 있어야 합니다. 내 채널의 정체성을 인식한 방문자는 나중에 비슷한 콘텐츠를 소비하고 싶을 때 다시 방문할 확률이 높습니다. 원하는 콘텐츠를 볼 수 있다는 기대감을 가지고 재방문한 이용자가 내 채널의 콘텐츠에 만족한다면 이후 두 번, 세 번 계속 방문하게 됩니다.

콘텐츠의 일관성을 위해 주제를 정할 때 가장 신경 써야 할 부분은 사람들의 니즈(Needs)를 고려하는 것입니다. 필자가 맨 처음 운영했던 SNS 채널은 네이버 블로그였습니다. 처음에는 홍보를 위한 콘텐츠뿐만 아니라 일기나 영화 감상문 등 올리고 싶은 주제를 마음대로 올렸습니다. 내용과 구성이 나쁘지 않았음에도 열심히 업로드한 노력에 비해 조회수, 방문자수가 많이 늘지 않았습니다. 문제는 사람들이 개인의 일상을 그다지 궁금해하지 않는다는 것입니다. 이후 콘텐츠의 주제를 운동, 요리, 인테리어 등으로 바꿔보았습니다. 그 중 인테리어 주제로 콘텐츠를 업로드했을 때 사람들이 긍정적인 반응을 보였습니다. 글의 주제를 일관되게 인테리어로 잡고 게시물을 업로드하자 조회수와 블로그 성장률이 크게 높아졌습니다. 이처럼 내가 좋아하고 관심 있어 잘 아는 분야면서도 사람들의 니즈를 반영하는 주제를 찾는 것이 중요합니다.

브랜딩

브랜딩과 마케팅이 같은 개념이라고 혼동하기 쉽지만 실은 다릅니다. 마케팅은 수익을 더 많이 창출하기 위한 방법을 의미합니다. 브랜딩은 마케팅의 필수 요소로, 소비자에게 남다름을 어필해 믿음을 심어주는 방법을 말합니다. 소비자의 신뢰를 쌓기 위한 행위이므로 미래에 투자하는 장거리 레이스와 같습니다. 믿음은 하루아침에 심어지는 것이 아니라 성장시켜야 하는 것이므로 성공적으로 브랜딩하는 과정은 결코 쉽지 않습니다.

브랜딩에는 기본적으로 브랜드 이름, 로고, 스토리텔링을 만드는 활동부터 넓게는 소비자를 대상으로 한 모든 행위가 포함됩니다. 브랜딩을 통해 소비자에게 좋은 평판을 얻으려면 소비자 중심 가치관을 확립하는 것이 중요합니다. 나만의 사업을 왜 시작했는지, 사업을 통해 어떤 가치를 실현하는지, 사업을 통해 사회적으로 기여하고 싶은 부분은 무엇인지 등을 곰곰이 생각해보고 마케팅 전략에 잘 녹여

내야 합니다. 기업이 브랜딩 전략을 어떻게 실천하는지 간단한 예시를 통해 살펴보겠습니다.

> A 브랜드는 지속가능한 발전을 가치로 정했습니다. 재생 자원으로 물건을 생산하여 환경 보전이라는 사회적 가치를 실현하고 있습니다. A 브랜드는 환경 보전을 테마로 슬로건을 만들고 광고를 진행했습니다. 페트병 뚜껑을 모아오면 경품을 주는 이벤트처럼 브랜드 가치와 관련된 행사를 통해 브랜딩을 진행하고 있습니다.

이상으로 SNS 마케팅의 세 가지 키워드를 알아보았습니다. 성공적인 마케팅을 위해서는 이 세 가지 핵심 키워드를 언제나 염두에 두고 실천해야 합니다.

나의 고객은 누구인가?

앞에서 살펴본 지속성, 일관성, 브랜딩을 구체적으로 실천하기 위해서는 먼저 나의 고객에 대해서 제대로 알 필요가 있습니다. 나의 고객을 파악하는 방법으로 페르소나를 설정해보겠습니다.

페르소나

페르소나란 마케팅 타깃으로 설정한 가상의 고객을 의미합니다. 페르소나에 대한 기본적인 정보는 최대한 구체적으로 정하는 것이 좋습니다. 이름, 나이, 성별, 가족 관계, 직업, 거주지, 출신지, 성격, 연봉, 취미, 버릇, 취향 등 특정 인물에 관한 자세한 프로필을 작성한다는 생각으로 설정합니다. 페르소나는 한 사람이 아니라 경우에 따라 여러 명이 될 수 있으며 각각의 페르소나는 다양한 특징을 가질 수 있습니다.

페르소나 설정하고 분석하기

예시를 통해 페르소나를 설정하고 분석해보겠습니다. 페르소나를 설정하기 위해서는 먼저 내 브랜드에 대한 분석이 필요합니다.

> 나는 음향 기기 브랜드를 운영하고 있습니다. 음향 기기 제품의 소비는 주로 서울에서 이루어지고 특히 홍대, 신촌 인근 매장에서 판매가 두드러집니다. 내 브랜드 제품의 강점은 품질에 비해 저렴한 가격으로 구매가 가능하다는 것입니다.

이제 브랜드 분석을 토대로 페르소나를 만들어보겠습니다.

> 내 음향 기기 브랜드의 페르소나는 30대 초반 김노래 씨입니다. 김노래 씨는 20대 중반에 상경해 홍대 근처 프로듀싱 회사에서 대리로 재직 중입니다. 회사 근처에 혼자 살기 때문에 퇴근 후에 아무도 없는 집에 바로 들어가기보다는 취미 활동을 즐깁니다. 김노래 씨는 영화 보기, 음악 듣기, 노래하기를 좋아합니다. 성격은 급한 편이고 몸 쓰는 일을 싫어합니다.

김노래 씨가 평소에 어떤 생각을 할 수 있을까요? 설정한 페르소나를 분석해보겠습니다.

> 김노래 씨는 주말마다 작은 무대에서 공연을 합니다. 무대 음향에 관심이 있어 평일 퇴근길에 매장에 들러 음향 기기를 둘러보곤 합니다. 하지만 매장에 자기가 찾는 제품이 없거나 원하는 제품이 있어도 음향 기기가 크고 무거워 바로 집에 가져오지 못할 때가 종종 있습니다. 김노래 씨는 다양한 음향 기기 종류를 한번에 볼 수 있고

부피가 큰 제품은 집으로 배송해주면 좋겠다고 생각합니다.

페르소나 분석을 통해 고객이 원하는 것은 무엇이고, 어떤 서비스를 제공하면 좋을지 추측해볼 수 있습니다. 내 고객이 단 한 명이라고 가정했을 때 어떤 사람이 주 고객이 될지를 생각해본다면 소비자의 니즈를 적절히 공략하는 마케팅을 진행할 확률이 높아집니다.

브랜드 포지셔닝
알아보기

브랜드 포지셔닝이란 내 브랜드가 동종 업계 브랜드와 비교했을 때 고객 인식 측면에서 어디에 위치하는지 파악하고 이를 변화시키거나 강화하는 전략을 의미합니다. 브랜드 포지셔닝은 사업주나 회사 관점이 아닌 고객 관점을 통해 업계 브랜드의 위치를 파악하는 것이 중요합니다. 브랜드 포지셔닝의 간단한 예시를 살펴보겠습니다.

A 브랜드는 20대 사이에서는 누구나 알만큼 유명하지만 40대 고객에게는 생소한 의류 브랜드입니다. A 브랜드는 유행에 맞춰 빠르게 신상품을 내면서도 중저가의 가격을 유지하고자 합니다. A 브랜드는 유행에 민감한 젊은 소비자를 타깃으로 홍보 마케팅을 하며 브랜드 상품을 제작할 때도 주로 20대 고객의 선호도를 반영합니다.

고객 인식 정도와 상품 구성에 따라 해당 브랜드의 브랜드 포지셔닝 전략을 대략적으로 유추할 수 있습니다.

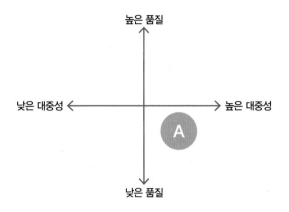

▲ A 브랜드의 브랜드 포지셔닝

브랜드 포지셔닝을 통해 내 브랜드와 경쟁 브랜드를 효과적으로 분석할 수 있습니다. 내 브랜드의 위치를 알고 싶으면 경쟁 브랜드의 강점, 차별화 전략을 통해 얻는 효과 등도 고객의 입장에서 객관적으로 살펴봐야 합니다. 이를 기반으로 주 고객층과의 소통 방법, 활동할 SNS 채널, 업로드할 콘텐츠 종류 등 전반적인 마케팅 전략을 도출해낼 수 있습니다.

🧑 입소문을 부르는 SNS 실전 노하우

나의 고객을 정확하게 찾는 비법, 브랜드 포지셔닝

브랜드 포지션이 중요한 이유는 고객이 내 브랜드를 어떻게 인식하고 있는지에 따라 마케팅 전략과 의사 결정이 달라지기 때문입니다. 현재 내 브랜드가 고객에게 어떻게 인식되고 있는지를 토대로 고객 인식을 원하는 방향으로 유도하기 위해 전략적으로 활동해야 합니다. 내가 희망하는 브랜드 포지션을 '업계 최고 브랜드', '매출 1위 브랜드'와 같이 막연히 설정하기보다는 차근차근 달성할 수 있는 현실적인 목표로 설정하는 것이 좋습니다. 예를 들어 고객 입장에서 자신의 음식점 브랜드를 보기도 좋고, 먹기도 좋고, 맛까지 좋은 음식점이라고 인식하게 만드는 것보다 '플레이팅이 예뻐서 데이트하기 좋은 음식점', '튀김이 바삭하고 맛있는 음식점'처럼 제일 자신 있는 특장점 하나만 전략적으로 내세우는 것이 고객 인식에 유리합니다. 경쟁이 너무 심하거나 현실적으로 진입이 어려운 포지션은 피하고 내 브랜드만의 차별화 포인트에 집중해야 합니다.

SNS 플랫폼 선택하기

10여 년 전에 국내에서 가장 많이 이용하는 SNS 플랫폼은 페이스북이었습니다. 하지만 최근에는 페이스북의 인기는 많이 줄어들고 인스타그램과 유튜브 등이 활발하게 사용되고 있습니다. 마치 패션이나 화장법처럼 많은 종류의 SNS가 유행에 따라 생겨나고 사라집니다. 현재 가장 활발하게 사용되는 SNS 플랫폼은 동영상 기반의 유튜브지만, 유튜브 역시 몇 년이 지나면 새로 등장한 SNS 플랫폼이나 유행에 따라 인기가 시들해질 수 있습니다.

지금 당장 많은 사람들이 이용하고 있다는 이유로 SNS 플랫폼을 선택하는 것은 그리 좋은 방법이 아닙니다. 유행이 변해 사람들이 다른 플랫폼으로 이동하면 그동안 공들여온 마케팅 채널을 운영할 동기가 사라질 수 있습니다. 단순히 유행을 좇아서 SNS 플랫폼을 선택하기보다 각 플랫폼의 특성을 파악하고 내 목적에 맞는 곳을 찾아야 합니다.

플랫폼별 특성 알아보기

네이버 블로그

네이버 블로그에서는 글 중심의 콘텐츠를 업로드합니다. 가장 큰 특징은 네이버를 비롯한 구글(Google), 다음(Daum) 등의 검색엔진에 콘텐츠가 노출된다는 점입니다. 검색엔진에서 검색어를 입력해 찾는 행위에는 특정 정보를 얻고 싶다는 명확한 목적이 존재합니다. 네이버 블로그에서는 이러한 사용자들의 니즈에 맞는 콘텐츠를 올려 내 채널에 방문하도록 유도할 수 있습니다.

네이버 블로그를 방문하는 사용자는 명확한 목적이 있는 만큼 채널에서 홍보하는 제품을 구매할 확률이 SNS 플랫폼 중 가장 높습니다. 또한 네이버 외의 다른 검색엔진을 이용하는 사람들도 함께 유입되므로 다양한 나이, 직업, 성별에게 콘텐츠를 노출시킬 수 있습니다.

▲ 블로그 글이 노출되는 네이버 검색 결과 화면

인스타그램

인스타그램은 보이는 모습, 그중에서도 사진 중심 콘텐츠를 업로드합니다. 사진을 좀 더 매력적으로 보이도록 편집할 수 있는 기능이 많아 이미지를 통해 감성을 자극하는 데에 강점이 있습니다. 네이버블로그가 글을 통해 제품의 기능이나 성능에 초점을 맞춰 홍보하기에 유리하다면 인스타그램은 액세서리나 패션, 네일아트 등 시각적 요소가 강한 상품을 홍보할 때 유리합니다.

▲ 제로씨의일상록(zero_dailylook)&모무미(momumi__) 인스타그램

유튜브

현재 국내에서 가장 많은 사람이 이용하는 채널인 유튜브는 콘텐츠를 영상으로 만들어 업로드합니다. 영상을 통해 제품이나 서비스에

대한 정보를 스토리 형식으로 자연스럽게 전달할 수 있습니다.

유튜브 콘텐츠로 사용하기 좋은 대표적인 소재는 How To, 즉 '~ 하는 방법'을 소개하는 콘텐츠입니다. 예를 들어 요리 레시피를 영상으로 만들면 사진이나 글로 표현하는 것보다 노하우를 담기 좋습니다. 이 밖에도 올바른 운동법이나 영어 회화와 같이 직접 따라 하며 배워야 하는 콘텐츠, 그리고 인테리어, 키트 제작법 등 생소하지만 간단한 기술을 소개하는 콘텐츠는 영상으로 만들 때 훨씬 유리합니다.

▲ 파코씨 쿡튜브(PAKOC Recipe) 유튜브 채널

페이스북

페이스북은 SNS 중에서도 특히 관계지향적인 플랫폼입니다. 페이스북 계정을 운영할 때는 내 채널을 방문하는 사람들과의 원활한 소통이 관건입니다. 많은 사람과 적극적이고 지속적으로 소통할 수 있

을 때 적합합니다.

네이버 블로그는 글을 업로드하면 검색엔진을 이용하는 불특정 다수에게 노출되는 반면, 페이스북에서는 타깃을 정해서 광고할 수 있습니다. 소비자 집단이 명확하고 타깃 소비자에게 집중적인 마케팅을 해야 할 때 페이스북을 효과적으로 사용할 수 있습니다.

▲ 한빛미디어(Hanbit Media) 페이스북 채널

마케팅 콘텐츠
기획하기

콘텐츠를 만들 때는 먼저 무엇을 소재로 사용할지 정해야 합니다. 평상시 많은 아이디어를 가지고 있다고 해도 이를 정리하지 않으면 아무리 기발한 아이디어라도 소재로 사용하기 어렵습니다. 머릿속을 떠다니는 아이디어를 정리해 마케팅 콘텐츠를 기획하는 방법을 알아보겠습니다.

마인드맵

마인드맵은 내 머릿속 생각을 지도로 표현하는 기법입니다. 마인드맵을 통해 추상적인 아이디어와 소재 등을 쉽게 시각적으로 표현하고 정리할 수 있습니다. 초등학교 수업부터 직장인 워크숍 교육까지 많은 곳에서 쓰이므로 마인드맵을 그려본 경험이 있을 것입니다. 여기서는 SNS 콘텐츠 기획에 마인드맵을 활용해보겠습니다.

마인드맵으로 소재 찾기

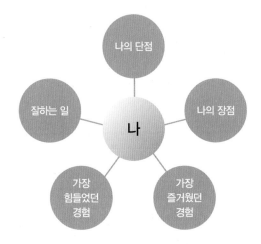

간단하게 '나'를 주제로 마인드맵을 작성해보겠습니다. 가운데에 '나'가 적힌 도형을 그립니다. '나'에서 가지 몇 개를 뻗어 주제를 확장합니다. 나의 장점, 단점, 잘하는 일, 꿈, 가장 즐거웠던 경험, 힘들었던 경험 등 기본적인 정보도 괜찮습니다.

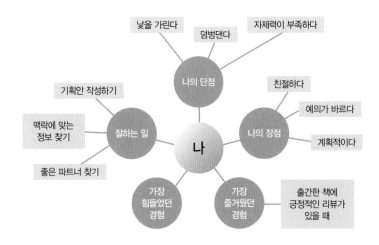

확장한 주제에서 다시 가지 몇 개를 뻗습니다. '나의 장점'에서는 남에게 친절하다, 마음이 따뜻하다, 예의가 바르다 등으로 확장할 수 있고 '나의 단점'은 덤벙댄다, 체력이 약하다, 낯을 많이 가린다 등으로 확장할 수 있습니다. '잘하는 일'은 기획안 작성하기, 맥락에 맞는 정보 찾기, 좋은 파트너 찾기 등의 주제로 확장할 수 있습니다. 이렇게 마인드맵으로 가지를 뻗다 보면 '나'를 주제로 한 SNS 채널에서 콘텐츠의 주제로 사용할 만한 소재를 찾을 수 있습니다.

마인드맵으로 키워드 정리하기

마인드맵을 통해 떠올린 세부 주제를 키워드로 바꾸는 연습을 해보겠습니다. '나의 단점'에서 확장한 '덤벙댄다'에서 '덤벙대는 습관'이라는 키워드를 잡습니다. 이제 '덤벙대는 습관 고치기'를 주제로 콘텐츠를 작성할 수 있습니다. 이렇게 세분화한 주제에서 SNS 콘텐츠로 구성할 만한 키워드를 추출하면 추상적이었던 아이디어를 콘텐츠 소재로 쉽게 사용할 수 있습니다.

마인드맵으로 자료 정리하기

SNS 콘텐츠를 구성하는 모든 내용이 내 머리에서 나올 필요는 없습니다. 책이나 유튜브 등을 적극적으로 참고하는 것이 좋습니다. 이를 '콘텐츠를 만들기 위한 자료 검색'이라고 하는데, 찾은 자료를 마인드맵으로 정리하면 한눈에 볼 수 있습니다.

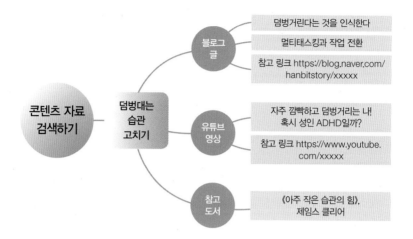

마인드맵으로 콘텐츠 구성하기

콘텐츠의 주제를 정하고 필요한 자료를 모두 찾았다면 이제 콘텐츠 구성을 기획해보겠습니다. 네이버 블로그에 올릴 글의 구성을 예로 들겠습니다. 콘텐츠는 서론, 본론, 결론으로 구성되며 서론은 한 문단, 본론은 두세 문단, 결론은 한 문단으로 구성합니다.

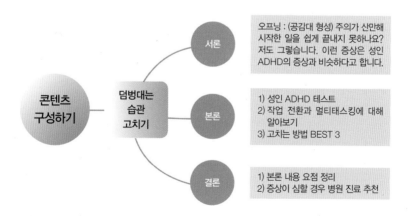

서론에서는 독자들의 관심을 끄는 내용을 작성하고, 본론에서는 주제에 따라 주장과 그에 대한 근거, 또는 경험과 이에 대한 사유를 펼치는 내용 등으로 작성합니다. 결론에서는 교훈, 비전 등을 제시하거나 질문을 던져 마무리하는 내용을 작성합니다. 마인드맵으로 서론, 본론, 결론에 각각 어떤 내용을 담으면 좋을지 작성해봅니다.

마인드맵으로 생각을 정리하며 만든 콘텐츠와 무작정 손이 가는 대로 만든 콘텐츠는 질과 구성에서 많은 차이가 납니다. 마인드맵을 통해 더 탄탄하고 구체적인 내용을 만들 수 있습니다. 기발한 아이디어를 그때그때 잘 정리하면 창의적인 콘텐츠가 탄생하기도 합니다.

마케팅 콘텐츠를 만들 때는 '나' 대신 '나의 브랜드'를 주제로 소재를 찾고 구성을 생각해봅니다. 서론과 본론을 통해 자연스럽게 관심과 집중을 불러일으키고 결론에서 브랜드나 상품을 홍보해 구매를 유도합니다.

SNS 마케팅 실력 빠르게 높이기

벤치마킹

'모방은 창조의 어머니'라는 말이 있습니다. 여기에서 '모방'은 남을 단순히 따라 하는 행위가 아니라 '좋은 사례의 노하우를 익혀 새로운 방법을 만들어낸다'는 의미입니다. 벤치마킹은 특정 분야에서 뛰어난 업체를 선택해 기술이나 경영 방식, 마케팅 전략 등을 면밀하게 분석해 내 사업에 응용하는 기법입니다. SNS 채널을 잘 운영하고 싶은데 방법을 잘 모를 때 벤치마킹을 하면 채널 운영 실력을 빠르게 성장시킬 수 있습니다.

벤치마킹을 하는 방법은 다양합니다. 인기가 많은 SNS 채널에 방문하여 정보를 얻거나 책, 유튜브, 강의 등에서 운영 방법을 학습할 수도 있고 인터뷰, 컨설팅 의뢰를 통해 채널 운영자와 직접 이야기하면서 노하우를 배울 수도 있습니다.

올바른 벤치마킹 모델 찾기

성공하는 벤치마킹의 첫걸음은 올바른 벤치마킹 모델을 찾는 것입니다. 현재 네이버 블로그를 운영 중이라고 가정하고 올바른 벤치마킹 모델을 찾는 방법을 설명하겠습니다.

먼저 내가 운영하는 블로그와 유사한 주제를 다루는 블로그를 찾아봅니다. 나와 관심사가 유사한 블로그를 찾는 가장 쉬운 방법은 바로 검색입니다. 내 블로그가 다루고 있는 분야의 키워드를 검색하면 같은 분야의 다양한 블로그를 만날 수 있습니다. 닮고 싶은 블로그, 아쉬운 점이 느껴지는 블로그 등 여러 블로그를 방문해봐야 합니다.

이달의 블로그를 활용하는 것도 좋은 방법입니다. 네이버 블로그 메인에는 주제별로 좋은 블로그를 쉽게 찾아볼 수 있도록 추천해주는 서비스가 있습니다. 이달의 블로그 선정을 통해 이미 검증된 양질의 블로그이므로 내 벤치마킹 대상을 찾기가 훨씬 수월합니다.

▲ 이달의 블로그

벤치마킹을 위해 인기 채널과 내가 만든 채널을 비교하는 과정에서 막막하고 자신감이 떨어질 수도 있습니다. '처음부터 크고 화려한 SNS 채널은 없다'는 마음가짐이 중요합니다. 방문자수와 조회수가 눈에 띄게 성장하려면 최소 6개월에서 1년 정도 소요된다는 것을 염두에 두고 내 채널을 꾸준히 보완해나가야 합니다. 처음부터 너무 잘하고 싶은 마음에 조급함이 생기면 금방 지쳐 SNS 마케팅에 대한 의욕을 잃기도 하고 아예 포기해버리는 경우도 있기 때문입니다.

🧑 입소문을 부르는 SNS 실전 노하우

벤치마킹할 때 확인해야 하는 것

SNS 채널을 벤치마킹할 때 흔히 하는 실수는 표면적인 부분만 따라 하고 정작 그 안에 담겨있는 세밀한 노하우나 요소에는 관심을 가지지 않는 것입니다. 예를 들어 다른 블로그를 벤치마킹할 때 블로그 디자인이나 게시판 이름만 비슷하게 따라 하고 정작 게시판을 어떤 카테고리로 구성했는지, 콘텐츠는 어떤 방식으로 표현했는지 등에는 집중하지 않는 경우가 해당됩니다.

SNS 채널을 벤치마킹할 때 구체적으로 어떤 내용을 살펴봐야 할까요? 기본적으로는 닉네임, 채널 이름, 소개글, 스킨, 카테고리 구성 등을 확인해봅니다. 더불어 어떤 닉네임을 지으면 더 좋을지, 스킨은 어떻게 만드는 것이 좋을지, 카테고리는 어떻게 분류할지 내 채널에 적용해봅니다. 벤치마킹 모델이 되는 채널이 시작부터 지금까지 어떻게 성장해왔는지 살펴보거나 방문자수, 조회수가 많은 블로그는 어떤 소재와 방식으로 콘텐츠를 만드는지 참고해봅니다.

단골 고객 확보 전략 알아보기

안정적인 수익구조를 창출하려면 지속적으로 매장을 찾아오는 단골 고객을 확보해야 합니다. 마찬가지로 내 SNS 채널의 안정적인 성장을 위해서는 단골 방문자가 필요하므로 이를 확보하기 위한 기본적인 전략을 알아보겠습니다.

단골 고객의 니즈 파악

단골 고객층이 무엇을 원하는지 정확하게 파악해야 합니다. 서비스부터 가격대, 그리고 선호하는 콘셉트와 테마를 적극적으로 조사해야 합니다. 단골 고객의 니즈는 내 브랜드 주 소비층의 니즈를 조사하는 것과 같습니다. 마케팅 전략을 수립할 때 중요한 근거로 사용할 수 있습니다.

창의적인 이벤트와 꾸준한 혜택 제공

단골 고객을 위한 차별화 서비스가 필요합니다. 시간이 지나도 내 브랜드의 단골 고객을 유지하고 싶다면 혜택을 꾸준히 제공해야 합니다. 예를 들어 단골 고객을 위한 추첨 이벤트를 열거나 특별 사은품을 제공할 수 있습니다. 이외에도 포인트 제도, 신제품 체험 서비스, 초청 이벤트 등을 제공할 수 있습니다.

진심 어린 태도

단골 고객은 관계에 굉장히 민감합니다. 프로페셔널한 서비스 정신으로 고객을 응대하는 것도 필요하지만 진심 어린 태도로 고객을 대하는 것이 가장 중요합니다. 고객을 친한 친구나 가족처럼 대하려는 태도를 보일 때 고객은 감동받게 됩니다. 만일 고객에게 좋은 일이 있으면 진심으로 축하해주고 나쁜 일이 있으면 진심으로 위로해주어야 합니다.

내 고객이 누구인지 찾아보고 마케팅적 관점으로 분석하는 방법과 고객을 관리하는 방법까지 살펴보았습니다. 내 브랜드와 고객의 관계는 시간과 상황에 따라 달라질 수 있습니다. 주기적으로 고객을 관리하고 고객 관리 현황을 분석 및 개선하는 자세가 필요합니다.

CHAPTER 02

고객에게 각인되는
인스타그램 마케팅

인스타그램은 전 세계적으로 많은 사용자를 보유하고 있는 SNS 플랫폼 중 하나입니다. 게시물에서 사진과 영상이 큰 비중을 차지하기 때문에 글을 써야 한다는 부담이 적어 처음 SNS를 시작하는 사람도 수월하게 게시물을 업로드할 수 있습니다. 인스타그램을 통해 고객과 제품, 서비스에 관한 이야기뿐만 아니라 일상, 취미 등을 주제로 소통함으로써 관계를 맺을 수 있습니다. 이러한 관계가 쌓이면 내가 판매하는 제품이나 서비스가 달라지더라도 지속적인 구매가 일어나는 기반이 마련됩니다. 이번 CHAPTER에서는 인스타그램 게시물을 통해 고객과 소통하는 방법을 알아보겠습니다.

나에게 맞는 인스타그램 계정 만들기

개인용 계정과 프로페셔널 계정

인스타그램 계정은 개인용과 프로페셔널용으로 나누어집니다. 내 계정을 둘 중 어떤 계정으로 할지 결정하는 것은 비교적 쉽습니다. 프로페셔널 계정에서는 광고를 할 수 있고 채널 운영에 도움되는 여러 정보를 볼 수 있어 브랜드 마케팅이나 홍보 목적으로 적합합니다. 특별한 조건 없이 누구나 개인용 계정에서 프로페셔널 계정으로 전환할 수 있습니다.

프로페셔널 계정은 크리에이터용과 비즈니스용으로 나누어집니다. 각각의 특

▲ 프로페셔널 계정 전환 화면

징을 알고 계정 종류를 선택해야 더 효율적으로 인스타그램 채널을 운영할 수 있습니다. 비즈니스 계정과 크리에이터 계정의 공통점과 차이점을 알아보겠습니다.

비즈니스 계정과 크리에이터 계정의 공통점

비즈니스 계정과 크리에이터 계정에서는 인스타그램 채널 운영에 도움되는 여러 기능을 사용할 수 있습니다. 게시물 노출 횟수, 프로필 방문자수 등의 수치를 확인할 수 있고, 연락처 등 개인 정보를 입력할 수 있습니다. 인스타그램 광고를 진행할 수 있고, 게시물을 예약 발행할 수도 있습니다. 다만 게시물을 예약 발행할 때는 페이스북 페이지를 게시물에 연동해야 합니다.

비즈니스 계정과 크리에이터 계정의 다른 점

크리에이터 계정은 공인, 작가, 모델, 인플루언서에게 적합하고, 비즈니스 계정은 가게, 브랜드, 단체, 기업, 제품 홍보 등이 목적일 때 적합합니다. 크리에이터 계정에서 개인 정보는 연락처 정도만 게시할 수 있습니다. 반면 비즈니스 계정은 매장 영업시간, 매장 위치, 전화번호 등을 함께 노출할 수 있습니다. 특히 오프라인 매장을 운영한다면 비즈니스 계정이 더 적합합니다.

마케팅적 관점에서 보면 두 종류 계정 모두 인사이트와 광고 기능을 사용할 수 있기 때문에 크리에이터 계정과 비즈니스 계정의 차이가 크게 느껴지지 않을 수 있습니다. 하지만 카테고리 분류나 매장 정보와 같은 작은 요소가 사람들에게 더 잘 노출되고 기억에 남는 결정적인 요인이 되기도 합니다. 예를 들어 인스타그램 프로필 아이디 아래 작은 글씨로 적힌 카테고리는 내 브랜드를 간략하게 소개해주는 역할을 해주어 고객들에게 특별한 인상을 남길 수 있습니다.

직접 해보는 SNS 마케팅

프로페셔널 계정으로 전환하기

인스타그램에서 처음 계정을 만들면 기본으로 개인용 계정이 생성됩니다. 프로페셔널 계정으로 전환하는 방법을 살펴보겠습니다.

01 ❶ 인스타그램 화면 오른쪽 아래의 내 계정 이미지를 터치해 계정 화면으로 들어옵니다. ❷ 오른쪽 위의 [☰]를 터치하고 ❸ [설정]을 터치합니다.

02 ❶ 설정 메뉴에서 [계정]을 터치하면 계정 메뉴가 나타납니다. ❷
계정 메뉴 가장 아래쪽의 [프로페셔널 계정으로 전환]을 터치합니다.

03 프로페셔널 계정으로 전환하기 위한 화면이 나타납니다. 카테고리 설정 화면이 나타날 때까지 [계속]을 터치합니다.

04 ❶카테고리 화면이 나타나면 자신에게 해당되는 업종을 검색하거나 [추천 카테고리]에서 선택합니다. ❷설정한 카테고리를 프로필에 표시하도록 [프로필에 표시]를 활성화합니다. ❸[완료]를 터치합니다. ❹프로필에 설정한 카테고리가 표시됩니다.

고객이 기억하는
프로필 만들기

잘 검색되는 인스타그램 이름 만들기

인스타그램에서 이름은 고객이 브랜드를 기억하는 데 중요한 역할을 합니다. 인스타그램에서는 사용자 이름과 이름, 두 가지가 존재합니다.

사용자 이름

사용자 이름은 영어와 숫자, 기호 등으로 되어 있는 아이디(ID)입니다. 'instagram.com/(사용자 이름, 아이디)'를 넣어 검색할 때 사용하는 주소에 들어가기도 합니다. 사용자 이름에는 한글을 사용할 수 없습니다.

▲ 사용자 이름과 이름

이름

이름은 프로필에서 보이는 계정의 이름으로, 한글을 사용할 수 있습니다. 이 챕터에서 설명할 '인스타그램 이름'은 바로 이 이름을 의미합니다.

이름이 중요한 이유는 인스타그램에서 이름을 기반으로 계정을 검색하기 때문입니다. 예를 들어 '딸기농장 씨앗'이라는 이름의 계정을 운영하고 있다고 가정합니다. 이 계정을 방문했던 고객이 다시 계정을 찾는 과정에서 이름의 '씨앗' 부분은 잊어버리고 '딸기농장'만 생각나도 '딸기농장'을 키워드로 검색했을 때 '딸기농장 씨앗'이 검색 결과에 나올 수 있습니다.

따라서 인스타그램 이름을 만들 때는 사람들이 검색하기 쉬운 키워드를 넣어주는 것이 좋습니다. 내 브랜드를 대표하는 키워드와 사람들이 많이 검색할 만한 키워드를 함께 고려해야 합니다.

그런데 사용 빈도가 너무 높은 키워드는 오히려 마케팅에 도움되지 않을 수 있습니다. 경쟁이 너무 치열해 인스타그램 계정을 시작한 지 얼마 되지 않았다면 내 채널이 노출되기 어렵습니다. 따라서 이

◀ 키워드 사용 빈도

름에 들어갈 키워드를 선택할 때는 사용 빈도를 고려하여 전략적으로 선택해야 합니다. 키워드 사용 빈도를 알 수 있는 방법은 간단합니다. 인스타그램 검색창에 해시태그(#)를 입력하고 키워드를 입력하면 검색 결과에 몇 개의 해시태그가 존재하는지 표시됩니다. 수십만, 수백만 개의 해시태그가 있는 키워드는 되도록 피합니다. 처음 선택하기에 이상적인 개수는 100+, 1000+ 정도입니다.

내 브랜드와 연결되는 키워드로 이름을 정하는 것 역시 중요합니다. 예를 들어 도예 공방을 홍보하는 계정이라면 도예공방 ○○, 전통 찻집을 홍보하는 계정이라면 전통찻집 ○○와 같이 이름을 지을 수 있습니다. 필자의 계정은 'SNS 마케팅 강사 전경옥'입니다. SNS 마케팅 강사라는 직업을 나타내면서 사람들이 검색했을 때 찾을 수 있는 이름을 사용한 것입니다.

▲ 이름

이름은 한 번 정해도 이후에 수정할 수 있어 나중에 더 좋은 키워드나 아이디어가 떠오른다면 바꿔도 괜찮습니다.

▲ 이름 변경 화면

소개글 효율적으로 작성하기

해시태그나 탐색 탭을 통해 사람들이 내 계정에 방문하는 것이 계정 홍보의 1단계, 이후 방문자가 내 계정을 팔로우하는 것이 2단계, 마지막으로 내 계정을 통해 브랜드를 인지시키는 것이 3단계입니다. 1단계에서 2단계로 넘어가기 위해서는 방문자가 내 계정이 자신의 취향이나 목적에 맞는 채널인지 판단할 수 있도록 내 계정의 특징을 인식시키는 과정이 필요합니다.

이때 소개글의 역할이 중요합니다. 사람들은 채널에 방문하면 어떤 콘텐츠가 있는지 파악하기 위해 가장 먼저 소개글을 살펴보는 경향이 있습니다.

▲ 소개글

소개글이 없어도 내 채널의 성격을 사람들에게 인식시킬 수 있는 방법이 있습니다. 비슷한 종류의 콘텐츠만 계속 올리고, 프로필 사진과 이름, 아이디도 일맥상통하게 바꾸면 됩니다. 하지만 소개글이 있을 때는 채널의 특징을 바로 인식할 수 있는 반면, 소개글이 없을 때는 업로드된 콘텐츠를 몇 개 둘러보고 생각하는 시간이 필요합니다.

소개글을 작성하는 요령을 알아보겠습니다. 소개글은 3줄 스텝으로 나누어집니다.

첫째 줄

첫째 줄에는 이 계정의 특징을 소개합니다. 이 계정은 어떤 브랜드인지, 구독하면 무엇을 얻을 수 있는지 등을 간략하게 설명합니다.

▲ 첫째 줄

둘째 줄

둘째 줄에는 계정 주인과 방문자 간의 소통 가이드라인입니다. 연락처 또는 이메일 주소, 오프라인 매장 이용 시간 등을 게시해놓습니다. 첫째 줄과 둘째 줄만 잘 작성해놓아도 방문자에게 체계가 잡혀 있다는 인상을

▲ 둘째 줄

줄 수 있습니다.

셋째 줄

마지막 줄에는 링크를 넣을 수 있습
니다, 링크는 브랜드 홈페이지, 오픈
채팅방, 스마트스토어 주소나 제품을
구매할 수 있는 웹사이트 등으로 연
결하면 좋습니다.

셋째 줄에서 링크는 한 개밖에 걸 수   ▲ 셋째 줄
없어 브랜드와 관련된 링크가 여러 개 있다면 불편할 수 있습니다.
이럴 때는 여러 개의 링크를 한번에 묶어서 보여줄 수 있는 사이트
를 활용합니다. 이 방법에 대해서는 065쪽에서 설명합니다.

프로필 확장하기

앞에서는 인스타그램 이름을 정하고 소개글을 작성하여 프로필을 풍성하게 만드는 방법을 배워보았습니다. 여기서는 소개글에 들어가는 링크에 대해 좀 더 다루어보겠습니다.

링크를 활용해 연결 고리 만들기

소개글에 링크를 적절하게 걸어두면 브랜드를 빠르고 효과적으로 소개할 수 있습니다. 링크를 통해 내 브랜드 제품을 소개하는 페이지, 내 브랜드를 홍보하는 다른 SNS 채널, 내 브랜드의 모든 정보가 나와 있는 공식 홈페이지 등으로 방문자가 이동할 수

▲ 함안군(haman_official_) 인스타그램

있다면 브랜드에 대한 폭넓은 정보를 제공할 수 있습니다. 링크는 고객이 내 브랜드를 경험할 수 있도록 도와준다는 점에서 중요합니다.

또한 소개글에 링크가 있으면 계정에 전문성이 있어 보입니다. 글만 나열해놓는 것보다는 소개와 함께 공식 홈페이지 링크를 걸어두면 체계가 잡혀 있다는 인상을 줍니다. 인스타그램 소개에는 링크를 한 개밖에 넣을 수 없으므로 내가 보여주고 싶은 웹사이트가 한 개 이상일 때 활용할 수 있는 웹사이트를 소개하겠습니다.

링크트리

▲ 링크트리(linktr.ee)

링크트리는 홈페이지가 영문으로만 되어 있는 점이 조금 불편하지만 링크 페이지가 깔끔하고 각 링크의 방문자수나 조회수 통계를 확인할 수 있다는 장점이 있습니다. 링크트리는 테마를 적용해 링크 페이지를 예쁘게 꾸밀 수 있는데, 여러 가지 테마 중 'Pro'라는 글자가 붙어 있는 테마는 돈을 내고 구매해야 합니다. 하지만 무료 테마만 사용해도 충분히 예쁜 링크 페이지를 만들 수 있습니다.

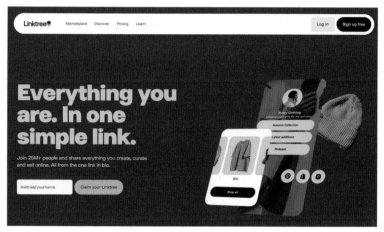

▲ 링크트리 홈페이지

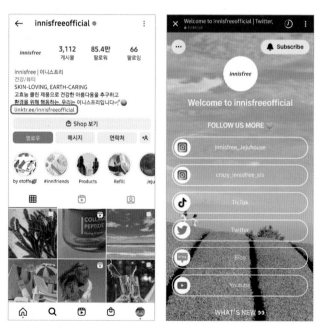

▲ 이니스프리(innisfreeofficial) 인스타그램

인포크링크

INPOCK LINK

▲ 인포크링크(link.inpock.co.kr)

인포크링크는 홈페이지가 한글로 되어 있어 사용하기 쉽고 각자의
개성에 맞게 꾸밀 수도 있습니다. 링크 페이지 하단에 인포크링크
로고가 보이는 것이 단점이지만 크게 눈에 띄지는 않습니다.

▲ 토스(toss.im) 인스타그램

링크트리와 인포크링크에 추가하는 링크에는 여러 가지가 있습니다. 다른 SNS 채널 주소, 현재 진행 중인 이벤트 페이지, 구글 폼 설문 등을 걸어놓을 수 있고 상품을 온라인에서 판매 중이면 구매 페이지로 바로 가는 링크를 걸어놓기도 합니다. 링크트리와 인포크링크는 모두 가입이 간단하고 링크를 쉽게 추가할 수 있습니다. 편의에 따라 이용할 웹사이트를 결정합니다.

인스타그램 피드에
톤앤매너 설정하기

인스타그램에 업로드한 사진을 보면 각자 선호하는 색상이나 느낌을 자연스럽게 알 수 있습니다. 이러한 사진이 모여 구성된 피드에는 개인의 기호가 시각적 분위기로 나타납니다. 어떤 인스타그램 피드를 보면 차분한 느낌이 들고, 어떤 인스타그램 피드를 보면 화려하다는 인상을 받는 이유입니다.

브랜드 이미지와 잘 맞는 분위기를 설정하면 고객이 내 브랜드를 기억할 확률이 높아집니다. 따라서 마케팅을 위한 인스타그램 채널에서는 피드의 분위기 역시 전략적으로 설정해야 합니다.

톤앤매너

톤앤매너는 어조 또는 색조를 의미하는 톤(Tone)과 방법을 뜻하는 매너(Manner)의 합성어입니다. 브랜드의 전반적인 색감이나 방향, 표현법, 분위기, 태도 등이 한 방향으로 설정되어 만들어지는 브랜드 콘셉트라고 할 수 있습니다.

소비자는 제품을 떠올릴 때 무의식적으로 해당 브랜드의 톤앤매너를 떠올리게 됩니다. 따라서 일관된 톤앤매너를 고객에게 전달하면 브랜드 이미지를 각인시킬 수 있습니다. 예를 들어 캐릭터 헬로키티의 경우 분홍색을 사용해서 사랑스러움을 표현하고, 화장품 브랜드 네이쳐리퍼블릭은 푸른색을 활용하여 싱그럽고 자연 친화적인 이미지를 표현합니다.

▲ 네이쳐리퍼블릭(naturerepublic_kr) 인스타그램

톤앤매너를 설정하는 방법

인스타그램 피드의 톤앤매너를 설정하는 방법을 알아보겠습니다.

콘텐츠 업로드

일관된 주제를 지닌 콘텐츠를 업로드하는 것이 톤앤매너를 설정하는 가장 기본적인 방법입니다. 여러 가지 주제로 인스타그램을 운영하기보다는 한 가지 주제를 정해놓고 콘텐츠를 업로드하면 인스타그램 피드의 정체성을 뚜렷하게 드러낼 수 있습니다. 예를 들어 음식 사진만 업로드하는 피드를 본 방문자는 이 계정이 앞으로도 음식 사진을 업로드할 것이라고 예상할 수 있습니다. 만약 이 방문자가 피드에 보이는 것과 같은 음식 사진을 계속 받아보고 싶다면 해당 계정을 팔로우하게 됩니다. 따라서 마케팅을 위해서는 내 브랜드

▲ 모무미(momumi__) 인스타그램

가 판매하는 제품과 관련된 주제를 정하고 그에 맞는 콘텐츠를 지속적으로 업로드해야 합니다.

색감 통일

콘텐츠의 전반적인 색감 또는 밝기를 통일해 톤앤매너를 설정할 수 있습니다. 인스타그램에서는 사진을 업로드하기 전에 간단하게 편집할 수 있는 기능이 있습니다. 원하는 필터를 사진에 입힐 수 있고, 밝기, 대비, 채색 등을 조절할 수 있습니다. 전체적으로 핑크색 분위기를 내고 싶다면 사진을 업로드할 때마다 핑크색 필터를 살짝 입히고 전체적으로 어두운 분위기를 조성하고 싶다면 인스타그램 사진을 업로드를 할 때 사진 밝기를 어둡게 조절해 연출합니다.

▲ 에뛰드(etudeofficial) 인스타그램

인스타그램 피드에 사진 전략적으로 업로드하기

사진을 전략적으로 업로드하면 피드를 보기 좋고 깔끔하게 연출할 수 있습니다. 힘을 많이 들이지 않고도 쉽고 빠르게 피드를 꾸밀 수 있는 방법입니다.

여백 넣기

인스타그램 사진을 업로드할 때 흔히 활용하는 요소는 여백입니다. 인스타사이즈 등의 애플리케이션을 활용하면 사진 위아래나 양옆, 또는 상하좌우에 여백을 넣어 하얀 액자에 사진을 꽂은 것 같은 느낌을 줄 수 있습니다. 여백을 활용한 사진을 인스타그램 피드에 적절히 업로드해 폴라로이드 사진을 일렬로 걸어놓은 모습과 비슷하게 연출하여 아날로그 감성을 자극할 수도 있습니다.

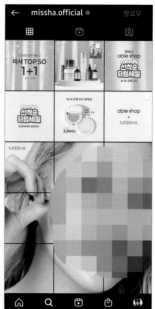

▲ 미샤(missha.official) 인스타그램

구도 조절하기

제품을 판매하는 브랜드의 경우 같은 제품 사진이라도 구도를 바꿔 사진을 업로드하면 피드에 통일감을 줄 수 있습니다. 예를 들어 첫 번째로 올린 사진은 물건이 화면 왼쪽에 치우친 사진이었다면 두 번째로 올린 사진은 물건이 아래로 치우친 사진, 세 번째로 올린 사진 은 물건이 일부만 나온 사진, 네 번째로 올린 사진은 전신샷으로 사 진을 업로드하면 의외로 피드에 통일성이 생깁니다.

▲ 스윗밸런스(sweetbalance_official) 인스타그램

콘텐츠 한 주제에 세 개씩 업로드하기

인스타그램 피드는 한 줄에 사진 세 장이 들어가는 구조입니다. 한 줄에 올라가는 콘텐츠는 주제를 통일하고, 다음 줄에는 또 다른 주제의 콘텐츠 세 개를 업로드하는 식으로 구성하면 피드가 보기 좋게 정렬됩니다. 꼭 같은 주제가 아니어도 같은 색감이나 형태가 통일된 사진을 업로드하는 것도 좋은 방법입니다. 첫 번째 줄은 초록색 색감으로, 두 번째 줄은 갈색 색감으로 통일해주면 피드가 정돈돼 보입니다.

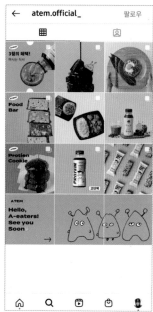

▲ 에잇템(atem.official_) 인스타그램

인스타그램 피드에서 같은 줄에 있는 사진과의 조화, 그리고 위아래에 있는 사진과의 조화를 고려해 사진을 업로드하는 방법을 알아보았습니다. 여기서 설명한 방법을 참고해 몇 번 시도하다 보면 금방 깔끔하고 잘 구성된 피드를 구성할 수 있을 것입니다. 피드 구성에 어려움이 있다면 다른 인스타그램 계정 몇 개를 선정해 벤치마킹해보는 것도 좋은 방법입니다.

인스타그램
글쓰기 전략

인스타그램에는 이미지와 함께 글을 첨부하여 업로드할 수 있습니다. 인스타그램은 이미지 중심의 플랫폼이기 때문에 글자가 작게 표시되고 사람들의 집중도도 낮습니다. 하지만 인스타그램 글쓰기도 전략적으로 접근한다면 이미지를 부각시키는 좋은 수단이 될 수 있습니다. 눈에 잘 들어오는 인스타그램 글쓰기 전략을 알아보겠습니다.

줄 바꾸기

인스타그램에서 글의 가독성을 높이기 위해서는 한 줄을 꽉 채워서 쓰기보다 한 줄에 15자 이하로만 쓰고 줄을 바꾸는 것이 좋습니다. 인스타그램에서는 글을 작성할 때 줄을 바꾸었는데도 업로드한 이후에는 줄 바꿈이 적용되지 않는 경우가 많습니다. 이럴 때는 빈 줄

사이에 마침표(.)나 언더바(_)를 넣으면 줄 바꿈이 됩니다.

> 🔵 **핵심 콕콕 TIP** 인스타 공백닷컴(www.instablank.com)에서 줄 바꾸기, 공백 문자, 텍스트 이모티콘 등 인스타그램에서 사용할 수 있는 텍스트 효과를 편리하게 이용할 수 있습니다.

이모티콘 사용하기

글을 쓸 때 이모티콘이 들어가면 내용이 눈에 더 잘 들어오고 어조가 부드러워 보이는 효과가 있습니다. 팔로워가 많은 계정을 분석하면 인스타그램 글에 이모티콘을 적극적으로 사용하고 있는 것을 쉽게 확인할 수 있습니다.

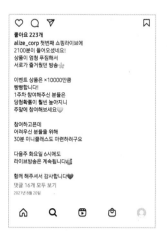

해시태그 활용하기

인스타그램에는 글자색 변경이나 글
자 크기 변경 기능이 따로 없습니다.
만약 강조하고 싶은 단어나 문장이
있을 때는 해시태그 기능을 활용합
니다. 해시태그를 넣은 단어는 파란
색으로 글자색이 변경되어 눈에 잘
띄게 됩니다. 해시태그에 대한 자세
한 활용법은 082쪽에서 알아보겠습
니다.

> 🔵 **핵심 콕콕 TIP** 해시태그가 들어간 단어에는 띄어쓰기가 적용되지 않습니다. 만약
> 해시태그가 적용된 단어를 띄어쓰고 싶다면 '#인스타_블로그_마케팅'과 같이 언더바를
> 넣어줍니다.

핵심 내용만 쓰기

인스타그램은 사진과 영상을 주로 사용하는 플랫폼이므로 긴 글은
사용자가 잘 읽지 않습니다. 같은 문장도 짧고 굵게 표현하는 것이
사람들의 기억에 더 남기 때문에 글에 군더더기는 없애고 꼭 필요한
내용만 담아야 합니다. 이때 슬로건이나 광고 카피와 같이 보는 사
람에게 각인될 수 있는 한 문장만을 표현한다고 생각하고 만들어봅

니다. 읽는 사람이 어떤 가치를 얻을 수 있는지 전달하는 것이 핵심입니다.

처음부터 좋은 표현을 떠올리고자 하면 조바심만 나고 글쓰기가 어렵게 느껴질 수 있습니다. 평상시 인스타그램 게시물에 쓰면 좋을 글감이나 인상적인 글귀 등을 메모해두고 콘텐츠를 업로드할 때 적극적으로 활용하는 방법을 추천합니다.

인스타그램 해시태그
활용하기

인스타그램이 네이버 블로그와 다른 점은 사람들의 관심사를 중심으로 플랫폼이 구성되어 있다는 것입니다. 예를 들어 인스타그램에서 노출되는 인기 게시물은 사용자 관심사에 따라 보이는 내용이 다릅니다. 인스타그램의 인공지능이 사용자의 평소 관심사를 분석하고 그에 맞는 콘텐츠를 제공하는 것입니다. 따라서 내 계정을 방문하는 사람은 내가 설정한 카테고리와 관심사가 겹칠 확률이 높습니다.

해시태그는 내 게시물과 관심사가 겹치는 사람이 내 계정을 방문할 수 있도록 만든 기능입니다. #을 단어 앞에 넣으면 글자가 파란색으로 변하고 태그가 생성됩니다. 해시태그는 본문이나 댓글에 모두 넣을 수 있고 어디에 들어가든 동일한 기능을 합니다. 해시태그를 활용하는 방법을 알아보겠습니다.

게시글 모아서 보기

인스타그램에는 해시태그를 검색하
는 기능이 있습니다. 만약 '#조명'이라
는 해시태그를 검색하면 해당 해시태
그가 걸린 글이 모두 검색됩니다. 물
론 검색 결과 상위에 노출되기 위해
서는 좋아요나 댓글수 등이 특정 수
준을 만족해야 합니다.

해시태그 팔로우하기

인스타그램 계정이 아닌 해시태그를
팔로우할 수 있습니다. 해시태그를
팔로우하면 해당 해시태그를 포함한
게시물을 피드에서 바로 확인할 수
있습니다. 따라서 내 게시물에 적절
한 해시태그를 걸면 상위 노출 확률
을 크게 높일 수 있습니다. 해시태그

▲ 해시태그 팔로우

는 하나의 게시물에 최대 30개까지 붙일 수 있습니다.

매마스(구 글로빙) 사용하여 해시태그 활용하기

해시태그 기능을 더욱 유용하고 편리하게 사용하는 방법을 알아보
겠습니다. 사람들이 많이 검색하는 해시태그를 넣으려면 먼저 인기
있는 해시태그가 어떤 것이 있는지 알아봐야 합니다. 메마스 애플리
케이션을 사용하면 편리하게 확인할 수 있습니다.

01 ❶ 메마스 애플리케이션을 설치해 실행하고 메인 화면 아래쪽에
있는 [SNS 관리]를 터치합니다. ❷ 위쪽 [인스타그램] 탭을 터치합니
다. ❸ [등록하기]를 터치해 인스타그램 계정을 등록합니다.

02 ❶ 인증 절차를 걸쳐 등록을 완료했으면 [자세히 보러가기]를 터치하고 ❷ 화면 위쪽의 [#카테고리]를 터치합니다. ❸ 여러 종류의 카테고리 중 원하는 카테고리를 터치합니다.

03 ❶ 필요한 해시태그를 선택한 후 ❷ 오른쪽 아래의 [선택된 해시태그 저장]을 터치합니다.

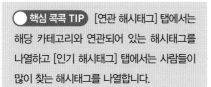
핵심 콕콕 TIP [연관 해시태그] 탭에서는 해당 카테고리와 연관되어 있는 해시태그를 나열하고 [인기 해시태그] 탭에서는 사람들이 많이 찾는 해시태그를 나열합니다.

04 ❶ [해시태그 항목 추가하기]를 터
치하고 ❷ [해시태그 관리에 저장할
제목]에 원하는 제목을 입력한 후 ❸
[확인]을 터치합니다.

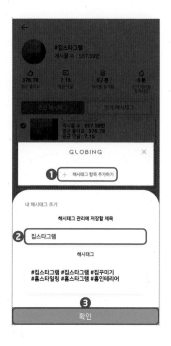

05 ❶ 저장한 해시태그를 확인하기
위해 메인 화면 위쪽에서 [#관리]를
터치합니다. ❷ [해시태그 복사]를 눌
러 저장된 해시태그를 복사해 인스타
그램 게시글 작성 시 편리하게 사용
할 수 있습니다.

스마트폰 카메라로
사진 잘 찍는 방법

인스타그램은 이미지 중심의 SNS 플랫폼입니다. 보기 좋고 감각 있는 사진 콘텐츠를 업로드해야 주목받기 쉽습니다. 사진을 잘 찍는 것이 인스타그램 콘텐츠를 만드는 기본이라고 할 수 있습니다. 그렇다고 무작정 고성능 카메라부터 구매할 필요는 없습니다. 인스타그램에 업로드하는 사진은 주로 스마트폰 화면에서 보기 때문에 적정 수준의 화질로도 충분합니다. 게다가 SNS 특성상 일상의 순간을 사진에 담아 바로 업로드하는 경우가 많으므로 무거운 촬영 장비를 챙겨 다니기가 불편할 수 있습니다.

인스타그램에 업로드할 사진을 찍을 때는 스마트폰 카메라면 충분합니다. 스마트폰 카메라로 사진을 잘 찍는 방법 세 가지를 알아보겠습니다.

2/3 구도로 찍기

사진을 찍을 때 화면을 동일하게 9분할하는 격자가 있다고 생각해 봅니다. 아래에서부터 2/3 지점에 피사체를 두는 것이 눈에 가장 편안한 구도입니다. 물론 사진 구도는 매우 다양하지만 2/3 구도만 잘 사용해도 실패하지 않는 사진을 찍을 수 있습니다.

(사진 출처 : Sebastian Coman Photography, Pexels)

알맞은 비율로 찍기

원하는 느낌에 따라 사진의 가로세로 비율을 알맞게 조절합니다. 1:1 정사각형 비율은 안정된 느낌을 줍니다. 4:3 직사각형 비율은 어떤 사진도 잘 어울리는 안정적인 비율입니다. 4:3 비율보다 조금 더 긴 형태인 16:9 직사각형 비율은 가로로 찍을 때는 광활함, 세로로 찍을 때는 높이감을 줍니다.

▲ 1:1 비율

▲ 4:3 비율

▲ 16:9 비율

밝은 배경에서 찍기

사진을 찍을 때는 기본적으로 밝은 배경이 받쳐주어야 피사체가 생생하게 전달됩니다. 배경이 흐리거나 어둑하면 아무리 사진 편집을 통해 필터를 입히고 화려한 효과를 줘도 한계가 있습니다. 야외에서 촬영한다면 맑은 하늘을 배경으로 하고 실내에서는 조명이 너무 어둡거나 조명색이 들어가지 않도록 주의합니다.

(사진 출처 : Bruno Scramgnon&Karolina Grabowska, Pexels)

마케팅을 위한
사진 잘 찍는 방법

브랜드 마케팅을 위해서 사진을 찍을 때는 어떤 콘셉트로 무엇을 찍을지 전략적으로 접근해야 합니다. 음식 사진, 장소 사진, 제품 사진으로 나누어 사진 잘 찍는 방법을 살펴보겠습니다.

음식 사진 찍기

요식업 브랜드를 운영하거나 레시피 콘텐츠를 만들 때, 또는 소통을 위해 일상 사진을 업로드할 때도 음식 사진을 가장 많이 업로드합니다. 음식 사진 찍는 방법을 알아보겠습니다.

포인트 잡기

보여주고 싶은 포인트를 정해 해
당 부분은 선명하고 뒷부분은 흐
리게 보이도록 초점을 맞춥니다.
장면 전체에 동일하게 초점을 잡
았을 때보다 훨씬 맛있어 보이게
촬영할 수 있습니다.

(사진 출처 : Any Lane, Pexels)

음식 클로즈업하기

음식을 클로즈업해서 촬영하면
질감을 생생하게 전달할 수 있어
보는 사람이 더욱 먹음직스럽게
느끼기 쉽습니다.

장면 연출하기

스파게티면을 말아 올리는 장면, 그릴에 고기를 굽는 장면, 치즈 퐁듀에 요리를 찍어 먹는 장면 등 생생하고 먹음직한 연출이 가미되면 감각적인 사진을 찍을 수 있습니다.

제품 사진 찍기

제품 사진 잘 찍는 방법을 알아보겠습니다. 제품을 판매하고 있는 브랜드라면 반드시 알아두도록 합니다.

스튜디오처럼 배경 만들기

제품 사진은 무엇보다도 제품이 선명하게 보이는 것이 관건입니다. 가능하다면 최소 두 개 이상의 조명을 사용하고 촬영 배경지를 활용하여 스튜디오에서 촬영하는 효과를 내줍니다. 제품 사진을 위한 촬영 배경지로는 보통 흰색을 많이 사용합니다.

(사진 출처 : Alesksandar Pasaric, Pexels)

제품이 돋보이도록 연출하기

우리가 접하는 모든 제품 이미지
는 연출의 결과입니다. 예를 들
어 마트 전단의 수박 사진은 신
선하게 보이기 위해 수박 껍질에
니스를 바르고, TV 광고의 맥주
는 쉽게 꺼지지 않는 거품을 만
들기 위해 달걀 흰자를 사용합니
다. 제품이 조리 도구라면 실제
음식 조리 장면을 연출하고, 화
장품이라면 실제 사용 장면을 연

출합니다. 내 제품이 돋보이도록 특징을 잘 살릴 수 있는 장면을 선
택합니다.

장소 사진 찍기

장소 사진은 여행을 주제로 계정을 운영하거나 오프라인 이벤트를 소개하는 콘텐츠를 만들 때, 또는 일상 콘텐츠 소재 등으로도 많이 사용합니다. 장소 사진의 핵심은 자연스러움입니다. 인물을 촬영할 때에도 대상이 카메라를 의식하지 않고 자연스럽게 행동하는 순간을 담은 사진이 더 보기 좋은 경우가 많습니다. 마찬가지로 장소를 촬영한 사진 역시 대상의 모든 걸 설명하듯 장소의 모든 특징을 담으려고 하면 밋밋한 느낌을 줄 수 있습니다. 해당 장소에서 마음에 와닿는 대상에 초점을 맞춰 촬영하면 훨씬 감각적인 사진이 나올 수 있습니다.

(사진 출처 : Any Lane, Pexels)

사진 편집하기

사진학에서는 편집을 화장하는 단계라고 이야기합니다. 사진 편집을 통해 원본 사진의 아쉬운 부분을 보완하고 내가 원하는 느낌을 표현할 수 있습니다. 인스타그램의 사진 업로드 기능에는 기본적으로 채도, 명도, 밝기 등을 조절할 수 있어 잘 활용하면 별도의 프로그램 없이도 어느 정도 수준의 편집 작업이 가능합니다.

👤 입소문을 부르는 SNS 실전 노하우

사진 편집 애플리케이션 활용하기

인스타그램에서 지원하는 기능으로만 사진을 편집하는 데 한계가 느껴진다면 사진 편집 애플리케이션 스냅시드를 활용합니다. 스냅시드를 활용하면 사진의 원근, 왜곡, 화이트 밸런스, 조명과 채도 등 다양한 효과를 조절할 수 있습니다. 실제로 인스타그램 인플루언서들이 사진 편집을 위해 많이 사용하는 애플리케이션 중 하나입니다.

▲ 스냅시드(Snapseed) 사진 편집 화면

인스타그램 스토리, 하이라이트 활용하기

스토리 기능을 통해 내 피드에 영상을 쉽게 만들어 업로드할 수 있습니다. 스토리는 24시간이 지나면 자동으로 삭제됩니다. 따라서 현재 상태를 생동감 있게 표현할 수 있고 콘텐츠가 누적되지 않아 부담이 적습니다. 만약 24시간 이후에도 스토리로 올린 영상을 피드에 노출하고 싶다면 하이라이트 기능을 통해 기존에 올린 스토리를 업로드할 수 있습니다.

스토리는 인스타그램 피드 위쪽에 동그랗게 표시됩니다. 맨 왼쪽에는 내 스토리가, 오른쪽에는 내가 팔로우한 계정의 스토리가 나타납니다.

인스타그램 스토리 알아보기

인스타그램 스토리 기능의 특징에 대해서 알아보겠습니다.

유통기한 24시간

스토리는 한번 업로드하면 24시간 동안만 노출되고 그 이후에는 삭제됩니다. 24시간이라는 짧은 시간만 볼 수 있어 SNS 콘텐츠 중 가장 최신 콘텐츠만 즐길 수 있는 매력이 있습니다.

스마트폰 전체 화면 사이즈

스토리를 켜면 스마트폰 전체 화면에서 세로 형태로 콘텐츠가 노출됩니다. 따라서 스토리로 업로드할 사진이나 영상은 가급적 세로로 촬영하는 것을 권장합니다. 가로보다 세로 형태의 콘텐츠가 화면에 꽉 차게 보여집니다.

(사진 출처 : 모무미(momumi__) 인스타그램)

스토리에서 사용할 수 있는 여러 가지 기능

스토리를 활용하면 실시간 라이브 방송, 설문, Q&A 등을 진행할 수 있습니다. 이미지, 스티커 등으로 콘텐츠를 꾸미거나 시간, 온도, 날짜와 같은 정보를 추가할 수도 있습니다. 또한 여러 개의 이미지를 한번에 업로드하는 레이아웃 기능과 다양한 효과와 함께 줌인을 해주는 수퍼줌 기능, 촬영 시 손 떨림을 방지해주는 핸즈프리 기능 등이 있습니다.

직접 해보는 SNS 마케팅

하이라이트 기능 사용하기

하이라이트 기능을 사용하면 스토리에 업로드했던 콘텐츠를 인스타그램 피드 위쪽에 표시합니다. 하이라이트로 추가한 콘텐츠는 피드와 마찬가지로 언제든지 다시 볼 수 있습니다. 하이라이트 기능을 사용하는 방법에 대해 알아보겠습니다.

01 ❶ 계정 홈 화면에서 [신규]를 터치합니다. ❷ 업로드했던 스토리 목록이 나타나면 하이라이트로 정리하고 싶은 스토리를 모두 선택한 후 ❸ 오른쪽 위의 [다음]을 터치합니다.

02 ❶ 하이라이트 제목을 입력하고 ❷ 커버를 갤러리에서 선택한 후
❸ 오른쪽 위의 [완료]를 터치합니다. ❹ 추가한 하이라이트가 피드
위쪽에 나타납니다.

핵심 콕콕 TIP 커버를 갤러리에서 선택하지 않으면 스토리 장면 중 하나가 커버로
나타납니다.

03 하이라이트에서 사진을 추가하거나 삭제할 수도 있습니다. ❶ 하이라이트를 실행하고 오른쪽 위의 [⋮]를 터치한 후 ❷ [하이라이트에서 삭제]를 터치합니다. ❸ [사진 삭제]를 터치하면 하이라이트에서 해당 사진이 삭제됩니다.

> ● **핵심 콕콕 TIP** [하이라이트 수정]을 터치하면 다른 사진을 하이라이트에 추가하거나 커버와 제목을 수정할 수 있습니다.

인스타그램 광고 서비스 이용하기

인스타그램은 10대에서 30대가 가장 많이 사용하는 SNS 플랫폼입니다. 해당 연령층을 타깃으로 하는 브랜드는 인스타그램의 자체 광고 서비스를 이용하기도 합니다. 인스타그램 광고를 통해 높은 매출 성장을 달성한 브랜드 사례도 많으므로 광고 콘텐츠만 잘 만들 수 있다면 적은 비용으로 큰 효과를 노려볼 수 있는 마케팅 수단이라고 볼 수 있습니다.

직접 해보는 SNS 마케팅

인스타그램에 광고 게시하기

인스타그램에 광고를 어떻게 게시하는지 알아보겠습니다. 먼저 홍보할 게시물이 인스타그램 피드에 업로드되어 있어야 합니다.

01 ❶ 광고하고 싶은 게시물 아래쪽의 [게시물 홍보하기]를 터치합니다. ❷ 목표 선택 화면에서 사용자가 광고 게시물을 터치하면 이동할 곳을 선택합니다. [프로필 방문 늘리기]를 선택하면 내 인스타 계정으로, [웹사이트 방문 늘리기]를 선택하면 설정한 웹사이트로 연결됩니다. ❸ 원하는 옵션을 선택한 후 [다음]을 터치합니다.

02 타겟 선택 화면에서 광고 노출 대상을 설정합니다. [자동]을 선택하면 내 팔로워와 유사한 관심사를 가진 사용자를 광고 대상으로 설정합니다. [직접 만들기]를 선택하면 광고 대상의 거주 지역, 관심사, 연령 및 성별을 직접 설정할 수 있습니다. ❶ 원하는 옵션을 선택해 대상을 지정한 후 ❷ [다음]을 터치합니다.

▲ [직접 만들기]를 선택해 타깃을 설정하는 화면

03 ❶예산 및 기간 선택 화면에서 [예산]을 지정하고 ❷[기간]을 지정한 후 ❸[다음]을 터치합니다.

04 ❶광고 검토 화면에서 설정한 옵션을 모두 확인한 후 ❷[게시물 홍보하기]를 터치하면 광고 게시 요청이 완료됩니다. 업로드한 광고 게시물은 일정 기간 인스타그램의 자체 검토를 거치고 승인되는 시점에 노출됩니다.

● 핵심 콕콕 **TIP** 인스타그램에서 광고를 처음 진행한다면 결제 정보를 먼저 등록한 후 결제를 진행합니다.

인스타그램 숍에
제품 진열하기

인스타그램 홈 화면 아래쪽에 [ ]를 터치하면 인스타그램 숍으로 이동합니다. 첫 페이지에는 보통 사용자의 관심이 높은 카테고리의 상품이 표시됩니다. 평소 필라테스에 관심이 많아 관련 콘텐츠를 자주 검색했다면 필라테스 용품이 많이 나오고, 어린이 교육에 관심이 많은 학부모에게는 어린이 교구와 같은 유아 용품이 먼저 노출될 가능성이 높습니다.

인스타그램 숍은 인스타그램 내에서 직접 구매할 수는 없고 해당 제품을

▲ 인스타그램 숍

구매할 수 있는 사이트로 연결하는 링크를 제공합니다. 마치 여러 가지 제품이 실린 카탈로그를 보는 것과 비슷합니다. 인스타그램에서 바로 구매하는 시스템은 지원하지 않지만 관심사 기반 타깃 설정 수준이 높은 인스타그램에 제품을 진열할 수 있는 것만으로도 큰 광고 효과를 얻을 수 있습니다.

인스타그램에 동영상 업로드하기

현재 가장 인기 있는 콘텐츠 플랫폼은 동영상 기반의 유튜브입니다. 사람들은 동영상을 통해 더욱 직접적이고 생생한 느낌을 전달받고자 합니다. 동영상 콘텐츠의 중요성이 높아짐에 따라 이미지 기반 플랫폼인 인스타그램에서도 동영상 관련 기능이 지속적으로 업데이트되고 있습니다.

직접 해보는 SNS 마케팅

인스타그램으로 동영상 제작하기

인스타그램 릴스는 30초 내외 영상에 배경음악을 입혀 짧고 재미있게 편집한 동영상입니다. 인스타그램에서는 릴스 제작을 위한 동영상 편집 도구를 지원해주므로 별도의 영상 편집 프로그램을 사용할 필요 없이 바로 릴스를 만들어 다른 사람과 공유할 수 있습니다.

릴스 편집 기능에는 배경음악 추가 기능과 증강 현실 효과, 오버레이(덧씌움) 효과 등 동영상 제작을 위한 거의 모든 기능이 포함되어 있습니다. 특히 SNS에 배경음악이 들어간 동영상을 업로드할 때 음원 사용에 저작권 문제가 발생하는 경우가 많은데, 릴스를 만들 때는 인스타그램에서 무료로 제공하는 최신 음원을 마음껏 사용할 수 있습니다. 인스타그램의 짧고 재미있는 동영상, 릴스를 만들어보겠습니다.

01 ❶ 인스타그램 오른쪽 위의 [⊕]를 터치하고 ❷ [릴스]를 터치합니다.

02 화면 아래쪽의 [■]를 터치해 릴스로 만들 영상을 직접 촬영하거나 왼쪽 아래의 [◙]를 터치해 영상을 가져옵니다. 여기서는 동영상을 가져와 릴스를 만들어봅니다. ❶ [◙]를 터치해 스마트폰에 저장된 동영상을 불러옵니다. ❷ 영상 아래쪽 미리보기를 통해 화면에 영상이 어떻게 보여지는지 확인하며 영상 배율을 조절합니다. ❸ 오른쪽 위의 [추가]를 터치하면 영상이 편집 도구에 추가됩니다. 같은 방식으로 영상을 모두 추가한 후 ❹ [다음]을 터치합니다.

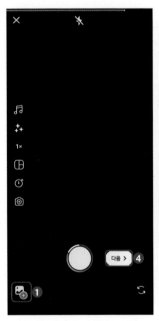

03 화면 위쪽에 보이는 도구를 사용해 배경음악, 배속, 효과, 타이머, 정렬 등을 설정한 후 [다음]을 터치합니다.

인스타그램의 릴스 편집 기능 알아보기

❶ **배경 음악** : 동영상에 배경음악을 넣는 기능입니다. 음악 라이브러리에서 원하는 음원을 선택하고 구간을 설정해 추가할 수 있습니다.

❷ **효과** : 촬영 대상과 주변 환경에 AR 기반 효과와 오버레이 효과 등을 활용해 재미있게 꾸밀 수 있습니다.

❸ **속도** : 영상 재생 속도를 느리게 또는 빠르게 조절할 수 있습니다.

❹ **타이머** : 촬영 버튼을 직접 터치하지 않아도 설정한 시간이 지나면 자동으로 영상 촬영이 시작됩니다. 셀프 영상을 촬영할 때 유용합니다.

04 ❶ 커버 사진을 지정한 후 ❷ 설명 문구를 입력합니다. ❸ 인스타 그램 피드에 릴스를 업로드하고 싶으면 [피드에도 공유]를 활성화하고 ❹ [사람 태그하기]에서 직접 사람을 태그할 수도 있습니다. ❺ 오른쪽 아래의 [다음]을 터치하고 ❻ [공유하기]를 터치합니다.

05 내가 올린 릴스가 업로드됩니다. ❶ 내 계정 홈에서 [⊡]를 터치하면 업로드한 릴스 목록을 볼 수 있습니다. ❷ 릴스 커버 왼쪽 아래에 조회수가 나타납니다.

CHAPTER 03

고객이 만족하는
네이버 블로그
마케팅

네이버 블로그에서는 글, 사진, 영상 콘텐츠를 종합적으로 구성하여 구체적인 정보를 재미있게 전달할 수 있습니다. 제품 리뷰나 맛집 후기와 같이 경험을 공유하는 내용이나 시사 상식, 전문 지식 등의 유용한 정보를 주로 업로드합니다. 네이버 블로그에 업로드한 게시물은 네이버 검색 결과 화면 위쪽에 노출됩니다. 네이버는 국내 사용자가 가장 많이 이용하는 서비스로, 네이버 블로그를 꾸준히 운영한다면 효율적인 마케팅을 할 수 있습니다.

네이버 블로그
계정 만들기

네이버는 우리나라 대표 포털 사이트입니다. 국내에서 인터넷을 이용하는 사람 대부분은 네이버 계정을 가지고 있습니다. 만약 네이버 계정을 가지고 있다면 네이버 메인 화면에서 로그인한 후 [블로그] 탭을 클릭하고 아래쪽의 [내 블로그]를 클릭해 내 계정의 블로그를

▲ 네이버 홈 화면

확인할 수 있습니다. 한마디로 네이버 블로그를 만들고 싶다면 먼저 네이버 계정이 있어야 합니다. 네이버 계정을 만들어보겠습니다.

입소문을 부르는 SNS 실전 노하우

블로그를 여러 개 만들 수 있나요?
네이버 계정은 본인 인증 절차를 걸쳐 세 개까지 만들 수 있습니다. 블로그는 계정마다 하나씩 만들 수 있기 때문에 블로그도 세 개까지 만들 수 있습니다. 여러 개의 블로그는 각각 다른 용도로 활용하면 좋습니다. 예를 들어 첫 번째 블로그는 본인의 직업과 관련된 전문 지식을 올리고, 두 번째 블로그에는 일상과 취미 생활을 올리는 방식으로 운영할 수 있습니다. 마케팅을 위한 네이버 블로그를 운영하고 싶다면 마케팅 목적의 네이버 계정을 새로 만드는 것을 추천합니다.

직접 해보는 SNS 마케팅

네이버 계정 만들기

네이버 계정을 만드는 회원가입 과정에는 기본적으로 본인 인증 절차가 포함됩니다. 본인 인증이 완료된 후에도 회원가입이 되지 않는다면 기존에 보유하고 있는 네이버 계정이 세 개가 넘는지 확인합니다.

01 네이버 홈 화면에서 [회원가입]을 클릭합니다.

02 이용약관과 개인정보 수집 및 이용 등에 동의 여부를 체크하는 화면이 나타납니다. ❶ 동의 여부를 체크한 후 ❷ [확인]을 클릭합니다.

🔵 **핵심 콕콕 TIP** 항목 이름에 '(선택)'이 붙어 있으면 동의하지 않아도 됩니다.

03 아이디, 비밀번호 등 개인정보 입력 화면이 나타납니다. ❶ 개인정보를 모두 입력하고 ❷ 휴대전화 본인 인증 절차까지 마쳤다면 ❸ [가입하기]를 클릭해 완료합니다.

😀 입소문을 부르는 SNS 실전 노하우

블로그 아이디 만들기

기존에는 네이버 계정을 생성하면 자동으로 블로그가 생성됐지만 2022년 10월 업데이트 이후에는 네이버 계정을 생성한 후 블로그 아이디를 만드는 과정을 거쳐 블로그를 생성합니다. 블로그 아이디를 만들려면 네이버 홈 화면의 검색창 아래에서 [블로그] 탭을 클릭해 블로그 홈에 들어간 후 [블로그 아이디 만들기]를 클릭합니다.

블로그 메인
설정하기

네이버 블로그는 네이버에서 제공하는 나만의 홈페이지입니다. 블로그 관리 페이지에서는 블로그명, 별명, 소개글 등 블로그 정보를 편집할 수 있고 게시판과 사진첩 등의 카테고리를 쉽게 만들 수 있습니다. 또한 클릭 몇 번 만으로도 블로그 스킨, 본문 레이아웃, 게

기본 정보 관리	블로그 정보		
블로그 정보 *			
프로필 정보			
기본 에디터 설정	블로그 주소	https://blog.naver.com/2oben2002	
사생활 보호	블로그명	초보 주부의 쉽고 빠른 레시피	한글, 영문, 숫자 혼용가능 (한글 기준 25자 이내)
블로그 초기화			
방문집계 보호 설정	별명	요리똥손	한글, 영문, 숫자 혼용가능 (한글 기준 10자 이내)
콘텐츠 공유 설정			
	소개글		블로그 프로필 영역의
스팸 차단 관리			프로필 이미지 아래에 반영됩니다.
차단 설정			(한글 기준 200자 이내)
차단된 글목록			
댓글·안부글 권한			
열린이웃			
이웃·그룹 관리	내 블로그 주제 *	요리 레시피 ∨	내 블로그에서 다루는 주제를 선택하세요.
나를 추가한 이웃			프로필 영역에 노출됩니다.
서로이웃 신청 1			

▲ 블로그 정보 설정 화면

시물 목록 모양 등을 다양한 디자인 템플릿 중에서 원하는 것을 선택해 적용할 수 있습니다. 이러한 블로그 구성 요소들을 내 업종과 타깃 고객의 취향에 따라 알맞게 설정하는 것이 네이버 블로그 마케팅의 시작입니다.

네이버 블로그 방문자의 대부분은 네이버 검색을 통해 게시글로 들어오고 자신이 원하는 정보를 얻으면 바로 블로그를 나가기 때문에 블로그 메인을 꾸미지 않는 사람도 많습니다. 하지만 내 브랜드를 지속적으로 알리고 고객과 소통하는 용도로 블로그를 활용하고 싶다면 블로그의 첫 인상인 메인은 굉장히 중요합니다. 마케팅이라는 명확한 목적을 가진 블로그는 다음 체크리스트를 모두 만족해야 합니다.

❶ 블로그명에서 블로그의 주제가 명확히 드러난다.

❷ 블로그 대문이나 소개글을 보면 무엇을 말하고 싶은지 쉽게 이해할 수 있다.

❸ 카테고리가 명확하고 간결하다.

❹ 어떤 사람에게 무슨 정보를 제공하고 싶은지 알 수 있다.

❺ 타깃 고객이 자주 사용하는 단어가 게시글의 제목과 내용에 잘 녹아 있다.

블로그의 블로그명, 대문, 별명, 소개글 작성 방법을 살펴보면서 위 항목이 구체적으로 어떻게 활용되는지 알아보겠습니다.

블로그명 짓기

블로그명은 블로그 주제가 명확하게 드러나야 합니다. 내 블로그 주제와 관련된 단어를 블로그명에 넣으면 네이버의 인공지능이 내 블로그가 어떤 블로그인지 더욱 명확하게 인지할 수 있습니다. 따라서 해당 단어가 들어간 검색 결과에 내 블로그 게시글이 노출될 확률이 높아집니다.

1인 기업이나 소상공인이라면 상표나 브랜드가 아닌 사람(사업주)을 부각시켜 친근감을 줄 수 있습니다. 예를 들어 '뺀다 닥터의 한의학 이야기'와 같이 별명과 업종을 조합하면 명확하고 직관적으로 블로그의 주제를 전달할 수 있습니다. 지역 기반의 사업이라면 지역과 업종을 조합해도 좋습니다.

대문 꾸미기

대문은 블로그의 간판과 같습니다. 여러 블로그를 방문하다 보면 눈에 확 들어오는 대문을 많이 볼 수 있습니다. 대문에 아이콘을 만들어 클릭하면 원하는 페이지로 이동하게 설정할 수도 있습니다. 하지만 운영 초기부터 대문을 화려하게 만들 필요는 없습니다. 본격적으로 브랜드를 알리려고 한다면 전문 업체에 대문 디자인을 의뢰하는 게 좋지만 비용이 발생합니다. 따라서 최소 3개월은 블로그를 운영해본 후 결정하는 것을 추천합니다. 블로그 마케팅은 중장기적으로 꾸준히 운영해야 효과를 볼 수 있습니다. 어느 정도 마케팅 용도로

써 블로그가 활발하게 쓰일 때 대문 디자인을 고민해도 충분합니다.

▲ 블로그 대문

프로필 작성하기

프로필은 블로그의 정체성을 나타내는 데 중요한 역할을 합니다. 프로필은 프로필 이미지와 별명, 소개글로 구성되어 있습니다.

⬤ **핵심 콕콕 TIP** 프로필을 작성하거나 수정하려면 블로그 프로필 영역 아래쪽에서 [관리]를 클릭하고 [기본 정보 관리]-[블로그 정보]를 클릭합니다.

프로필 이미지

개인이 운영하는 블로그라면 주로 직접 찍은 풍경이나 인물 사진을
프로필 이미지로 사용하지만 사업체나 브랜
드 블로그라면 대표 제품 또는 사업주의 사
진을 사용하는 것이 좋습니다. SNS로는 방
문자에게 소통하는 느낌과 신뢰감을 전달하
는 것이 중요하므로 사실적인 사진을 선택
합니다.

삼성전자처럼 누구나 알고 있는 브랜드라면
브랜드 로고나 심벌, 캐릭터 등을 활용할 수
있습니다. 다만 많은 사람이 알고 있는 브랜
드가 아니라면 대표 제품이나 사업주를 내
세우는 것이 유리합니다.

▲ 삼성전자 코리아 블로그
프로필 이미지

별명

리뷰 블로거나 인플루언서 등 개인적으로 운영하는 블로그 별명은
자유롭게 지어도 괜찮지만 마케팅 블로그 별명으로는 직함을 사용
하는 것이 가장 좋습니다.

브랜드 이름이나 제품 이름으로 별명을 설정하면 공식적이고 사무
적인 느낌이 강해집니다. 고객과의 소통이 중요한 시작 단계에서는
고객을 끌어들이는 데 불리할 수 있습니다. 블로그 별명이 '마케팅

팀 ○○○ 대리'라면 방문자와 소통할 수 있는 사람이 존재한다고 느껴집니다. 1인 기업이나 소상공인의 경우에도 사업주가 부각되는 것이 좋습니다.

소개글

소개글에는 제품 소개나 브랜드의 역사, 슬로건 등을 간단하게 작성합니다. 마케팅 강사인 필자는 어떤 주제의 강의를 할 수 있는지 간략하게 소개하고 현재 하고 있는 일에 대해 썼습니다. 그 아래에는 '시너지 내는 방법을 연구합니다'라는 문구를 추가하여 강의할 때의 마음가짐을 담았습니다. 잘 만든 브랜드 슬로건이 있다면 고객에게 각인될 수 있도록 함께 적는 것이 좋습니다. 글자수가 많으면 가독성이 떨어지므로 이 블로그가 어떤 블로그인지, 방문자에게 어떤 혜택을 줄 수 있는지를 요약하여 간결하게 작성합니다.

카테고리 만들어 주제 정리하기

블로그를 운영하면 '오늘은 어떤 콘텐츠를 올리지?'와 같은 고민을 자주 하게 됩니다. 글감에 대한 걱정을 조금이라도 줄이려면 카테고리를 잘 만들어야 합니다.

카테고리는 블로그 메인 화면의 왼쪽이나 오른쪽에 위치한 게시판 목록입니다. 게시글의 주제를 묶어주어 비슷한 정보를 찾아보기가 편합니다.

오른쪽은 한빛미디어 출판사 블로그의 카테고리입니다. 카테고리만 살펴봐도 각 게시판 안에 어떤 글이 있을지 쉽게 예상할 수 있습니다. 이처럼 카테고리를 만들 때 가장 중요한 것은 명확성입니다.

▲ 블로그 카테고리

카테고리 구성하기

블로그 카테고리는 먼저 상위 카테고리를 설정할 수 있고 그 밑에 하위 카테고리를 생성할 수 있습니다. 블로그 운영 초기에는 카테고리를 다섯 개 이상 만들지 않는 것이 좋습니다. 카테고리가 많으면 글을 많이 써야 한다는 부담감이 생기고 방문자에게 블로그 주제가 분산되어 있다는 느낌을 줄 수 있습니다. 처음에는 카테고리를 세 개에서 다섯 개 정도 만들어 운영해보고 이후에 글을 쌓아가면서 카테고리를 조금씩 늘리는 것을 추천합니다.

창업한 식당을 홍보하기 위해 네이버 블로그를 개설했다고 가정한 후 해당 블로그의 카테고리를 구성해보겠습니다.

첫 번째 카테고리

블로그 주제인 식당 정보를 업로드합니다. 매장 공지 사항, 기본 메뉴 소개, 오시는 길과 같이 시간이 지나도 별다른 수정이 필요치 않는 고정적인 내용을 올리면 좋습니다.

두 번째 카테고리

식당에서 일상적으로 일어나는 여러 일을 업로드합니다. 무슨 메뉴를 만들었고 어떤 손님이 다녀갔는지 등 업무 일지를 적듯 꾸준히 소통하는 용도로 사용합니다.

세 번째 카테고리

식당에서 판매하는 메뉴와 요리에 관한 다양한 정보를 업로드합니다. 연어 요리를 팔고 있다면 연어와 관련된 재미있는 이야기나 건강 상식, 싱싱한 연어를 고르는 방법 등 유익한 정보를 담아 글을 작성합니다. 이러한 글을 꾸준히 업로드하면 게시글에 글쓴이의 전문성이나 철학이 자연스럽게 담겨 브랜드에 대한 신뢰도를 높이는 효과도 있습니다.

카테고리명 설정하기

카테고리명은 어떻게 설정할지 알아보겠습니다. 다음은 약초로 수제 비누와 차를 제조해 판매하는 브랜드의 카테고리를 구성한 예시입니다.

감성적	전문적
자연이 준 선물 향긋한 이야기 내 몸에 건강하게	오늘의 약초 수제 약초차 이야기 수제 약초비누

왼쪽 카테고리명은 감성적인 느낌이 물씬 풍기지만 각 게시판에 어떤 콘텐츠가 있을지 예상하기 힘듭니다. 반면 오른쪽 카테고리명은 어떤 콘텐츠가 있을지 쉽게 추측할 수 있고 전문적인 느낌을 줍니다. 카테고리명은 알기 쉽고 전문성이 느껴지되, 여덟 글자가 넘지 않아야 합니다.

원하는 카테고리 상단에 설정하기

자주 노출하고 싶은 카테고리가 있다면 상위 카테고리 중 세 개를 선택해 블로그 상단 메뉴바에 노출할 수 있습니다. 원하는 카테고리를 화면 위쪽 위치로 설정해보겠습니다.

01 블로그 메인의 카테고리에서 [전체보기] 오른쪽에 있는 [EDIT]를 클릭합니다.

02 [메뉴 · 글 · 동영상 관리] 탭의 왼쪽 메뉴에서 [메뉴 관리]-[상단 메뉴 설정]을 클릭합니다.

03 ❶ [상단 메뉴 지정]의 [블로그 카테고리]에서 상단 노출을 원하는 카테고리를 클릭한 후 ❷ [선택]을 클릭합니다. ❸ 선택한 메뉴가 여러 개라면 순서를 설정합니다. ❹ [미리보기]를 클릭해 실제 화면에서 상단 메뉴바를 확인합니다. ❺ [확인]을 클릭합니다.

> ● **핵심 콕콕 TIP** [메뉴 · 글 · 동영상 관리] 탭의 왼쪽 메뉴에서 [메뉴 관리]-[블로그]를 클릭하면 카테고리와 구분선을 추가할 수 있습니다.

블로그 벤치마킹하기

네이버에서는 잘 운영되고 있는 블로그를 직접 추천하기도 합니다. 2014년도까지는 파워블로그를 선정했고 이후에는 이달의 블로그, 네이버 인플루언서, 공식블로그 등을 선정해 사람들이 양질의 블로그를 쉽게 찾아볼 수 있도록 노출해줍니다. 블로그를 잘 운영하고 싶지만 방법을 잘 모를 때는 좋은 블로그를 벤치마킹하는 것이 가장 효과적입니다. 먼저 벤치마킹할 블로그를 찾는 방법부터 살펴보겠습니다.

벤치마킹 모델 찾기

벤치마킹하기 좋은 블로그로는 이달의 블로그, 공식블로그, 인플루언서 블로그, 경쟁사 블로그 등이 있습니다. 먼저 이달의 블로그와 공식블로그는 네이버 블로그 메인 화면의 상단 메뉴를 통해 확인할 수 있습니다.

▲ 네이버 블로그 메인 화면

이달의 블로그

이달의 블로그에서는 공연·전시, 드라마, 스포츠 등 블로그를 주제
별로 나누어 소개합니다. 매달 주제가 바뀌고 해당 주제에 맞게 잘
정리된 블로그를 선정합니다. 선정된 블로그는 콘텐츠 주제가 명확
하면서도 개성이 뚜렷한 경우가 많습니다. 내가 운영하려는 콘텐츠
주제를 기준으로 이달의 블로그를 살펴본다면 해당 주제의 콘텐츠
를 다루고 전개하는 방법, 카테고리를 구성하는 방법 등에 큰 도움
을 받을 수 있습니다.

▲ 이달의 블로그

공식블로그

현재 네이버에는 약 11,000개의 공식블로그가 있습니다. 공공 기관, 일반 기업, 단체에서 블로그를 직접 운영한다면 공식블로그를 신청할 수 있고 네이버 자체 심사를 거쳐 선정됩니다. 공식블로그를 신청하려면 최근 1년 내에 업로드한 전체 공개의 글이 하나 이상 있어야 합니다. 또한 조직 특색에 맞는 프로필 사진, 별명, 커버 등이 블로그 메인에 설정되어 있어야 합니다. 현재 많은 기업이 공식블로그를 운영하고 있으니 내 브랜드와 동종 업계에 속하는 기업의 공식블로그를 찾아 해당 기업이 어떤 방식으로 블로그를 활용하고 있는지 참고할 수 있습니다.

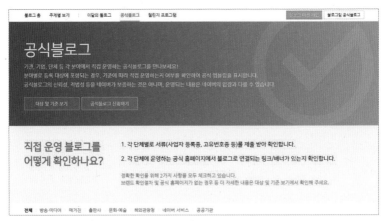

▲ 공식블로그

인플루언서 블로그

인플루언서 블로그는 네이버 검색 옵션을 통해 쉽게 찾아볼 수 있습니다. 예를 들어 '한빛미디어'를 검색한 후 검색 옵션에서 [인플루언서를 클릭하면 한빛미디어와 관련된 인플루언서의 블로그 게시물만 확인할 수 있습니다. 인플루언서는 전문 분야가 나뉘어져 있습니다. 내 분야의 인플루언서가 어떤 방식으로 글을 올리고 소통하는지 살펴보면 블로그 운영 방식에 대한 꿀팁을 얻을 수 있습니다.

▲ 인플루언서 블로그

경쟁사 블로그 벤치마킹하기

식당, 펜션, 병·의원 등 크고 작은 대부분의 업종은 블로그, 인스타그램, 페이스북과 같은 SNS 계정을 운영합니다. 경쟁사 블로그나 동종 업계에서 잘 운영되고 있는 블로그 다섯 곳 정도를 찾아봅니다. 그리고 각각의 강점과 보완점을 분석해서 내 블로그에 벤치마킹한다면 경쟁사가 많아도 충분히 내 브랜드를 알릴 수 있습니다. 경쟁사 블로그를 벤치마킹할 때 살펴봐야 하는 요소를 알아보겠습니다.

❶ 블로그명

❷ 블로그 글의 수

❸ 블로그 글 업로드 주기

❹ 서로이웃, 이웃의 수

❺ 공감과 댓글수

❻ 댓글 소통 방식

❼ 카테고리수와 이름

❽ 블로그 개설일 및 운영 기간

❾ 블로그 구성(글 목록 형식, 글 보기 형식 등)

❿ 핵심 주제 관련 글 전개 방식

⓫ 운영하는 SNS 채널

⓬ 그 외 특이사항

경쟁사 블로그를 분석할 때는 지금 잘 하고 있는 부분도 유심히 봐야 하지만 해당 블로그의 초창기 글부터 차근차근 살펴보면서 블로그가 성장하게 된 이유를 파악하는 것도 중요합니다. 이를 통해 어떻게 하면 내 블로그를 조금 더 빠르게 발전시킬 수 있을지 전략을 세울 수 있습니다.

블로그에 글 하나를 게시하면서도 바로 100명이 방문했으면 좋겠다는 마음은 누구나 들 수 있습니다. 특히 직접 마케팅에 도전하는 사업주라면 없는 시간을 빼서 글을 쓰는 경우가 대부분이기 때문에 높은 방문자수를 바라는 것은 당연합니다. 하지만 하루아침에 잘 되는 블로그는 없습니다.

가수 양희은 씨는 TV 프로그램에서 자신을 지금의 자리까지 있게한 것이 무엇이냐는 질문에 '미련하게 버티다 보면 끝이 있다'라고 말했습니다. 네이버 블로그 마케팅도 마찬가지입니다. 옳은 방향성을 가지고 하루하루 씨를 뿌리는 마음으로 버티다 보면 하루 방문자가 어느 날 100명, 1,000명이 넘어가고 구매 전환율도 꾸준히 높아지는 것을 경험할 수 있습니다. 내가 벤치마킹하기 위해 살펴보는 모든 블로그 역시 게시글 하나, 방문자 한 명에서 시작했다는 것을 명심합니다.

상위 노출되는 블로그 만들기

검색 상위 노출의 중요성

많은 사람들이 상품을 선택하기 전 마지막 단계로 네이버 검색을 활용합니다. 새로운 물건을 구입하거나 외식 장소를 예약하기 위해 네이버에서 검색하는 사람 대부분은 검색 결과 위쪽의 게시글부터 확인합니다. 원하는 정보를 찾으면 아래쪽 게시글은 더 이상 읽지 않습니다. 따라서 상위 노출 확률이 높은 글을 쓰는 것이 중요합니다.

맛집, 뷰티와 같이 많은 사람들이 찾는 단어로 검색을 해보면 상단에 노출된 게시글 제목의 패턴이 유사합니다. 상위 노출을 위한 키워드로 제목을 구성했기 때문입니다. 맛의 고장으로 유명한 전주나 유동 인구가 많은 강남의 경우 '전주 맛집' 또는 '강남 맛집'을 검색하면 상위 노출된 게시글 대부분은 제목 가장 앞쪽에 전주 맛집이나 강남역 맛집 등의 키워드가 포함되어 있습니다. 이처럼 검색 빈도가 높은 키워드는 상위 노출 경쟁이 치열합니다.

상위 노출만큼 중요한 양질의 콘텐츠 만들기

맛집으로 검색된 글을 읽어보면 직접 다녀와서 정성껏 쓴 후기도 있지만 광고로 보이는 양산형 글도 많습니다. 소비자의 정보 수집 능력이 점점 올라감에 따라 제목만 그럴싸한 낚시성 글은 쉽게 걸러집니다. 또한 소비자는 하나의 블로그에서만 정보를 얻지 않고 여러 블로그에서 후기나 정보를 비교하면서 합리적으로 선택합니다. 따라서 상위 노출도 중요하지만 사람들에게 유용한 콘텐츠를 작성하는 것이 최우선입니다.

물론, 상위 노출을 위한 마케팅 활동은 필수적입니다. 내가 쓴 글의 조회수가 너무 낮다면 글 자체가 사람들에게 닿지 않아 홍보가 되지 않습니다. 따라서 상위 노출을 목표로 잡고 가되, 조회수가 구매로 이어질 수 있도록 양질의 정보를 담아 글을 작성하는 것도 잊으면 안 됩니다.

최적화 블로그

블로그 글을 작성했을 때 상위 노출이 잘 되는 블로그를 최적화 블로그라고 합니다. 반대로 광고 글을 무분별하게 올리는 등의 이유로 더 이상 상위 노출이 되지 않는 블로그를 저품질 블로그라고 합니다. 최적화 블로그와 저품질 블로그를 분류하는 시스템을 알고리즘 혹은 로직이라고 부릅니다. 네이버에서는 크게 C-Rank와 DIA 로직으로 블로그를 분류하고 있습니다. 두 로직이 어떻게 블로그를 분류하는지 알아보면 상위 노출이 잘 되는 글의 조건을 알 수 있습니다.

C-Rank	DIA(Deep Intent Analysis)
• Context(맥락) 주제에 맞는 글을 썼는가? • Content(내용) 양질의 글을 썼는가? • Chain(연결 고리) 방문자들이 글을 보고 반응이 있는가? (공감, 스크랩, 댓글 등)	• 체험과 경험에 기반한 글을 썼는가? • 전문성 있는 글을 썼는가? • 방문자의 글 체류 시간이 높은가?

▲ C-Rank, DIA 로직

정리하자면 C-Rank, DIA 로직에서는 '글을 읽는 사람에게 도움될 확률이 높은가'가 중요한 판단 기준입니다.

블로그 지수

C-Rank, DIA 로직이 최적화 블로그를 분류하는 판단 근거는 블로그 지수입니다. 블로그 지수가 높을수록 블로그가 최적화되어 글의 상위 노출 확률이 높아집니다. 네이버는 다음과 같은 기준으로 블로그에 지수를 부여합니다.

지속성

블로그 운영 기간, 누적 글 개수, 포스팅 빈도, 최신 글 작성 후 경과 시간 등 얼마나 지속적으로 블로그 관련 활동을 했는지에 대한 기준입니다. 지속성에서 좋은 점수를 받기 위해 매일매일 블로그 글을 업로드하면 가장 좋지만, 최소 주 2~3회라도 꾸준히 써야 합니다. 7일 동안 매일 글을 업로드하고 2주 동안 쉬기보다는 주 2회만 글을 쓰더라도 정기적으로 업로드해 지속적으로 활동하는 것이 중요합니다.

인기도

블로그 누적 방문자수, 일일 방문자수, 이웃수, 체류 시간 등과 관련된 기준입니다. 블로그 글을 통해 유입된 방문자가 글을 몇 개나 더 보는지, 글을 읽기 위해 얼마나 오래 블로그에 체류하는지 등이 중요합니다. 따라서 블로그 글은 주제가 같거나 연관되는 것이 좋습니다. 예를 들어 부동산을 운영하는 사업주가 블로그에 부동산과 관련된 글을 지속적으로 발행합니다. 부동산 정보를 찾아온 방문자가 블로그의 다른 글을 보고 유용하고 믿을 만한 정보라고 생각하면 해당 블로그를 구독하게 됩니다. 구독자가 많아지면 인기도 역시 올라갈 확률이 높아집니다.

반응률

방문자가 게시글에 남기는 댓글이나 공감, 스크랩 등이 반응 지표로 블로그 지수에 반영됩니다. 글쓴이가 유명한 사람이거나 파급력이 큰 정보성 글은 처음부터 많은 댓글이 달리기도 합니다. 하지만 대부분의 경우 블로그 이웃과 품앗이 개념으로 서로의 게시글에 댓글을 달아주며 반응률을 높입니다.

딥러닝이나 AI가 빠르게 발전함에 따라 블로그 로직도 점점 복잡해지고 있습니다. 그러나 시험볼 때 출제자의 의도를 파악하는 것이 가장 중요하듯 네이버가 검색 노출 시스템에 왜 이러한 기준을 적용했는지 생각해본다면 걱정할 필요가 없습니다. 복잡한 로직에 지나치게 신경쓰기보다는 다른 사람들에게 유익한 콘텐츠를 일관된 주제로 꾸준하게 올리고, 블로그 이웃을 많이 만들어 댓글과 공감으로 소통하는 것이 핵심입니다.

블로그에는
어떤 글을 써야 할까?

SNS 채널은 사람들이 의견을 쌍방향으로 소통하는 소통형 플랫폼입니다. 광고를 위해 흔히 쓰였던 전단지나 현수막은 일방적으로 정보를 전달했습니다. 반면 네이버 블로그에서는 댓글로 의견을 달거나 경험 후기를 블로그에 올리는 등 소비자가 제품이나 서비스에 대한 의견을 표현할 수 있습니다. 보통 소비자가 새로운 물건을 구매하기 위해 제품을 검색하는 경우를 생각해봅니다. 후기 중 몇 개의 글을 읽으며 치명적인 단점은 없는지, 장점은 무엇인지 찾아보고 해당 제품의 구매를 확정합니다. 다른 소비자의 의견은 구매에 있어 매우 중요한 요소입니다.

믿을 만한 간접 경험 제공하기

사람들은 네이버 블로그를 통해서 객관적인 정보뿐만 아니라 주관적인 감정을 함께 공유합니다. 테블릿을 구매한다고 가정하면 맨 먼저 네이버에서 검색합니다. 이때 사람들은 제조사 공식 사이트를 방문하거나 관련 전문가에게 직접 정보를 얻기보다는 먼저 구매한 사람들의 후기를 살펴봅니다. 블로그 글을 통해 사람들이 얻고자 하는 정보는 간접 경험입니다. 간접 경험을 통해 믿을 만한 정보를 얻고 싶어하는 심리에 맞춰, 블로거에게 제품을 무료로 제공하고 체험단을 운영하는 형태의 마케팅이 등장했습니다. 이후에는 제품을 제공받는 체험단의 후기보다 더 객관적인 정보를 찾는 사람들의 니즈가 반영되어 '내돈내산(내 돈 주고 내가 산)' 키워드가 유행했습니다.

판매로 연결되는 스토리

간접 경험을 글에 담는 가장 기본적이고 효과적인 방법은 스토리를 구성하는 것입니다. 가장 주된 소비 패턴이 '가성비(가격 대비 성능)'에서 '가심비(가격 대비 심리적 만족감)'로 바뀜에 따라 구매를 통해 느끼는 경험이 매우 중요해졌습니다. '51점만 되어도 맛집이다'라는 말은 최근 소비 양상을 잘 나타냅니다. 음식의 맛 또는 제품의 성능이 상향 평준화되어 대중적인 수준에만 맞출 수 있으면 이미 품질에 있어서는 합격이라는 의미입니다. 이러한 상황에서는 사람들의 눈에 띌 수 있는 이야깃거리를 제공하는 것이 중요해집니다. ABC 주스의 사례를 살펴보겠습니다.

나는 요즘 많은 사람들이 건강을 위해 챙겨 먹는 ABC 주스에 관심이 생겼습니다. ABC 주스를 직접 만들어 먹으려면 사과와 비트, 당근을 착즙해야 하는 번거로운 과정을 거쳐야 하므로 간편하게 분말이나 원액을 사 먹기로 합니다. 구매를 위해 인터넷에 ABC 주스를 검색해보니 판매처가 너무 많고 제품 종류도 다양해 선택이 어렵습니다. 클렌즈 주스, 디톡스 주스와 같은 수많은 광고 문구를 살펴보다 '고혈압 딸을 위한 엄마의 마음을 담은 주스'라는 문구가 눈에 들어옵니다. '엄마의 마음이라면 집에서 직접 만드는 것만큼 정성이 들어 있겠구나'라는 생각이 듭니다. '힐링 ABC 주스'라는 제품명 역시 제품을 색다른 관점으로 보게 만듭니다. 제품 설명과 생산지, 성분 등을 꼼꼼히 따져보고 후기를 확인한 후 '힐링 ABC 주스'의 구매를 확정합니다.

스토리가 마음을 사로잡는 현상을 심리학에서는 앵커링 효과라고 합니다. 배가 닻을 내리면 닻과 연결된 밧줄의 범위 내에서만 움직이는 것처럼 처음에 인상적인 이야기를 전달하면 그 이야기가 마음속에 자리를 잡아 생각의 기준이 된다는 뜻입니다. 좋은 문구와 스토리는 제품을 선택하게 하는 것은 물론이고 꾸준한 판매로 연결시키는 힘이 있습니다.

블로그 글 제목에 키워드 넣기

블로그 글의 제목을 지을 때는 흥미를 유발하는 제목도 좋지만 사람들이 검색할 만한 단어, 즉 키워드를 제목에 넣어주는 것이 핵심입니다. 사례를 하나 소개하겠습니다.

> A 씨는 고구마 농사를 짓는 농업인입니다. 자신이 생산하는 고구마를 홍보하기 위해 네이버 블로그를 만들었습니다. 블로그를 운영할 때 일기처럼 꾸준히 글을 써나가야 한다는 말을 듣고 글의 제목을 '병아리 농부의 농업 일기 1일 차'로 지었습니다.

좋은 고구마를 사고 싶어 인터넷 검색을 하는 사람이 A 씨의 글을 읽을 확률은 매우 낮습니다. 글 제목 어디에도 '고구마'라는 단어가 없기 때문입니다. 고객이 검색하는 단어를 제목에 포함하는 것은 내 게시글이 검색될 수 있는 가장 기본적인 조건입니다. 정확한 분석을 통해 고객이 검색하는 단어를 예상하고 그것을 핵심 키워드로 삼아 글을 쓰는 것이 좋습니다.

검색이 잘 되는 키워드

검색이 잘 되는 키워드를 찾고 분석하는 방법을 알아보겠습니다.

네이버 검색창의 자동완성 기능 활용하기

자동완성은 검색창에 입력한 키워드 앞뒤로 많이 검색된 단어를 붙여 자동으로 완성해주는 기능입니다. 예를 들어 심리 상담 센터를 운영하는 사업주가 요즘 유행하는 MBTI 검사에 대해 블로그 글을 쓴다고 가정합니다. 네이버 검색창에 MBTI를 입력하면 MBTI 궁합, MBTI 유형 등 다양한 단어 목록이 나타납니다. 자동완성 기능으로 나타나는 단어들에서 힌트를 얻어 '직장에서 잘맞는 MBTI 궁합은?', '게으른 천재라고? MBTI 특징 팩폭!' 등의 제목을 만들어볼 수 있습니다.

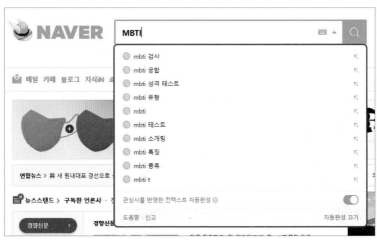

▲ 자동완성 기능

연관 검색어 활용하기

네이버에 MBTI를 검색하면 결과 화면 오른쪽에 연관 검색어가 나
타납니다. 연관 검색어 기능은 검색한 키워드와 연관된 키워드를 도
출해줍니다. 나타나는 연관 검색어를 클릭하면서 키워드를 다양하
게 확장해볼 수 있습니다.

▲ 연관 검색어 기능

네이버 키워드 도구 활용하기

네이버 키워드 도구는 특정 키워드를 사람들이 몇 회나 검색했는지
조회할 수 있는 대표적인 툴입니다. 원래 키워드 도구는 파워링크와
같은 네이버 자체 광고에 활용하는 것이 목적이지만 네이버에서는
누구나 무료로 사용할 수 있도록 키워드 도구를 제공하고 있습니다.
네이버 키워드 도구를 활용하면 특정 키워드의 검색 횟수를 비교적
정확히 알 수 있어 매우 유용합니다.

네이버 키워드 도구로 키워드 검색수 조회해보기

키워드 도구를 활용하는 방법을 함께 알아보겠습니다.

01 ❶ 네이버에서 **네이버 광고**를 검색하고 ❷ 검색 결과 가장 상단의 [네이버 광고]를 클릭합니다.

02 네이버 광고 메인 화면이 나타나면 [신규가입]을 클릭합니다. 기존 네이버 계정이 있더라도 네이버 광고 계정은 신규 가입해야 합니다.

03 네이버 광고 회원가입은 기존 네이버 아이디로 가입할 수 있고 신규로 만들 수도 있습니다. 여기서는 신규 아이디로 가입합니다. [검색광고 아이디로 회원가입]을 클릭합니다.

04 ❶ 약관동의를 진행합니다. ❷ 사업자 등록증이 없어도 키워드 도구를 이용할 수 있으므로 가입유형은 [개인 광고주]를 선택합니다.

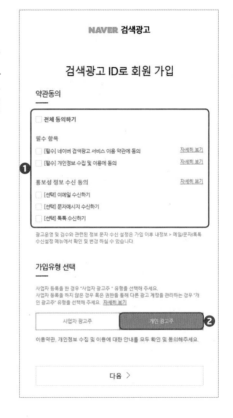

05 ❶ 회원가입에 필요한 개인정보를 입력한 후 ❷ [회원가입]을 클릭합니다.

검색광고 ID로 회원 가입

개인 광고주

회원 정보

| 아이디 | | 중복확인 |
| 이름 | | |

비밀번호

비밀번호 영문 필수, 숫자 또는 특수문자 !@#$%^&*()를 조합하여 8~20자 사용가능 (영문+숫자/ 영문+특수기호/ 영문+숫자+특수기호)

비밀번호 확인

이메일   이메일   @ 직접입력

네이버 검색광고 관리를 위한 정보를 받을 메일 주소를 입력하십시오.
광고의 상태 변경 및 비즈머니 잔액, 세금계산서가 입력한 메일 주소로 발송됩니다.

전화번호   02

휴대전화번호   휴대전화번호 인증

네이버 검색광고 관리를 위한 정보를 받을 휴대전화 번호를 입력하십시오.
휴대전화에 스팸설정을 하신 경우 메시지가 도착하지 않을 수 있으니 스팸설정을 변경하여 주시기 바랍니다.

주소   우편 번호를 검색해주세요   우편번호 검색

기본 주소

상세 주소

〈 이전   회원가입 ❷

06 네이버 광고 메인 화면에서 로그인한 후 오른쪽의 [키워드도구]를 클릭합니다.

07 ❶[키워드]에 검색하고 싶은 키워드를 입력하고 ❷[조회하기]를 클릭합니다. 키워드는 한번에 최대 다섯 개까지 검색할 수 있습니다. **강남맛집**과 **전주맛집**을 검색해보겠습니다.

08 조회 결과가 나타납니다. ❶ 월간검색수, 월평균클릭수, 월평균클릭률 등을 참고합니다. ❷ 월간검색수를 보면 PC보다 모바일에서 8~10배 정도 더 많이 검색하는 것을 볼 수 있습니다. 일반적으로 검색하는 대부분의 키워드는 모바일 검색수가 압도적으로 높습니다.

연관키워드 ⑦	월간검색수 ⑦		월평균클릭수 ⑦		월평균클릭률 ⑦		경쟁정도 ⑦	월평균노출 광고수 ⑦
	PC	모바일	PC	모바일	PC	모바일		
강남맛집	32,600	127,500	14.6	142.3	0.05 %	0.12 %	높음	15
전주맛집	15,200	171,600	31.3	2,298.8	0.23 %	1.37 %	높음	15
강남역회식장소	380	640	2.2	3.3	0.67 %	0.59 %	중간	12
서초맛집	1,340	10,300	1.1	60	0.10 %	0.62 %	높음	15
시골맛집	2,760	29,500	6.1	190	0.25 %	0.66 %	높음	15
강남카페	3,100	33,700	1.3	12	0.05 %	0.04 %	중간	10
강남역맛집	23,300	153,800	19.5	613.6	0.10 %	0.43 %	높음	15
전주혁신도시맛집	2,010	22,700	7.4	280	0.41 %	1.31 %	중간	9

강남맛집 vs 전주맛집 검색량 비교하기

'강남맛집'과 '전주맛집' 중 어떤 키워드를 더 많이 검색할지 예측하기는 쉽지 않습니다. 강남에는 유동 인구가 많은 번화가가 많고 전주는 음식 맛으로 유명한 관광 도시이기 때문입니다. 그러나 키워드 도구를 활용한 실습 결과를 살펴보면 PC 월간검색수는 큰 차이가 없지만 모바일 월간검색수에서 '강남맛집'은 127,500회, '전주맛집'은 171,600회로 큰 차이가 나는 것을 확인할 수 있습니다. 이처럼 키워드 검색량은 정확히 예상하기 힘든 경우가 많기 때문에 키워드 도구를 활용해 검색량을 정확히 확인해보는 것이 좋습니다.

키워드 도구를 통해 검색량을 조회했을 때 검색수가 높은 키워드를 무작정 내 글의 소재로 선정해야 하는 것은 아닙니다. 검색량이 많은 키워드는 경쟁률도 높습니다. 다시 말해, 같은 키워드를 소재로 하는 다른 블로그 게시물도 매우 많다는 뜻입니다. 블로그 지수가 아직 낮다면 경쟁률이 높은 키워드로 글을 썼을 때 검색되지 않습니다.

검색수가 높다고 무조건 경쟁률이 높은 것도 아닙니다. 검색수는 높으면서 경쟁률이 낮은 키워드, 즉 틈새 키워드를 찾는 것이 중요합니다. 여러 키워드를 조회해보며 틈새 키워드를 찾고 내 글의 소재로 사용하면 조회수가 증가할 확률이 높아집니다.

이번에는 키워드마스터를 통해 틈새 키워드를 찾는 방법을 살펴보겠습니다.

키워드마스터로 틈새 키워드 찾기

01 ❶ 네이버에서 **키워드마스터**를 검색하고 **❷** [키워드 마스터]를 클릭합니다.

02 검색창에 **강남맛집**과 **전주맛집**을 각각 검색하면 아래 결과가 나타납니다.

키워드마스터에서 주의 깊게 봐야 하는 항목은 문서수입니다. 문서수는 해당 키워드가 사용된 게시글의 개수입니다. 총조회수는 '전주맛집'이 약 40,000회 정도 높은 반면 문서수는 '강남맛집'이 약 네 배 가까이 많은 것을 확인할 수 있습니다. '강남맛집' 키워드는 '전주맛집' 키워드에 비해 검색량은 적고 문서수는 훨씬 높아 포화된 상태

입니다. 따라서 '전주맛집'을 소재로 작성한 글이 상위 노출될 확률이 비교적 높다고 볼 수 있습니다.

👤 입소문을 부르는 SNS 실전 노하우

키워드 검색량은 어느 정도가 적당한가요?

앞에서 살펴보았듯이 '전주맛집' 키워드가 '강남맛집' 키워드에 비해 틈새 키워드인 것은 맞지만, 둘 다 기본적으로 월간검색수가 약 20만 건에 달합니다. 검색량이 1만 건이 넘어가는 키워드는 검색량에 비해 게시글의 수(문서 수)가 적다고 해도 자신의 블로그 지수가 낮다면 상위 노출될 확률이 낮습니다. 심하지는 않지만 이미 경쟁이 존재하기 때문입니다. 처음에는 월간검색수가 500~1,000 사이인 키워드 중 문서수가 적은 틈새 키워드를 찾아 내 글을 10건 이상 노출시키는 것이 블로그 성장에 훨씬 효과적입니다.

조회수를 높이는 제목 짓기

글 제목에 키워드를 어떤 위치에 몇 개나 넣어야 검색이 더 잘 될지 알아보겠습니다. 그리고 사람들이 선호하는 제목을 짓기 위한 방법을 알아보겠습니다.

노출이 잘 되는 제목 짓기

노출이 잘 되는 블로그 글 제목 짓는 방법을 살펴보겠습니다.

(1) 최대 25자 이내로 작성하기

블로그 글의 제목은 100자까지 가능하지만 제목이 너무 길면 오히려 글의 명확성이 떨어져 흥미를 끌지 못합니다. 또한 검색 결과 화면에서 제목이 잘려 보일 수 있습니다. 제목은 25자 이내로 간결하게 작성하는 것이 좋습니다.

(2) 메인 키워드와 서브 키워드 넣기

제목에 키워드가 많이 포함될수록 검색이 잘 되는 것은 아닙니다. 글의 핵심 소재인 메인 키워드와 서브 키워드만 넣어 말하고자 하는 내용을 명확하게 표현합니다.

(3) 메인 키워드를 맨 앞쪽에 배치하기

메인 키워드를 제목 가장 앞쪽에 배치하면 글이 상위에 노출될 확률이 올라갑니다. '메인 키워드+서브 키워드+서술어' 형식으로 제목을 간결하게 짓습니다. 예를 들어 메인 키워드가 '송파심리상담센터'이고, 서브 키워드가 'MBTI 검사'인 경우 메인 키워드와 서브 키워드를 합쳐 '송파심리상담센터에서 요즘 핫한 MBTI 검사를 받아보세요!'라고 제목을 지을 수 있습니다.

(4) 동일한 키워드 반복하지 않기

제목에서 동일한 키워드가 반복되면 오히려 노출에 방해될 수 있습니다. 각 키워드를 딱 한 번만 사용해서 제목을 짓도록 연습합니다. '송파심리상담센터에서 산후 스트레스 심리 상담을 받아보세요'라는 제목에는 '심리 상담' 키워드가 중복됩니다. 이런 경우 '송파심리상담센터에서 산후 스트레스를 관리해보세요'처럼 중복되는 키워드를 대체 가능한 단어로 바꿔줍니다.

(5) 특수문자 삽입하지 않기

제목에 특수문자를 삽입한다고 해서 상위 노출에 영향을 주지 않습

니다. 그러나 검색어에 특수문자를 넣는 경우가 드물고 특수문자는
사용자 시스템 환경에 따라 다르게 표시되는 경우도 많기 때문에 제
목의 가독성을 해칠 수 있습니다. 되도록이면 글 제목에 특수문자는
피하도록 합니다.

제목의 작은 차이가 상위 노출 경쟁에 큰 영향을 끼칠 수 있습니다. 위
에서 살펴본 내용을 잘 참고해서 제목 짓기에 공들이기를 권합니다.

클릭을 부르는 제목 유형 살펴보기

눈에 잘 띄고 클릭하고 싶게 만드는 제목을 짓는 방법에 대해 알아
보겠습니다.

(1) 숫자 넣기

제목에 숫자를 넣으면 객관적이고 신뢰할 수 있는 인상을 줄 수 있
습니다.

블로그명 짓는 방법 알려드릴게요.
➡ 블로그명 짓는 방법, 3가지만 기억하세요.

방문자수 높이는 블로그 운영 방법
➡ 한 달 만에 일방문자 100명을 만드는 블로그 운영 방법

브랜드 블로그로 매출 높이기
➡ 브랜드 블로그로 매출 2배 UP!

(2) 읽는 사람의 심리를 이용하기

심리를 자극하는 방법은 두 가지가 있습니다.

첫 번째는 '확실하게 얻어갈 것이 있다'는 느낌을 주도록 직접적으로 이득을 제시하는 방법입니다. 이때 추상적인 단어를 사용하면 사람 마다 생각하는 이득의 범위가 달라질 수 있으므로 명확한 단어로 작성하는 것이 좋습니다. 예를 들면 '코로나 우울증을 극복할 수 있는 정신의학 전문의의 꿀팁 5개!'와 같은 제목은 이 글을 읽으면 우울증 극복 노하우를 얻어갈 수 있다는 이득을 확실하게 이야기해주고 있습니다.

두 번째는 '읽지 않으면 손해를 본다'라는 느낌을 주도록 제목을 짓는 것입니다. 본능적으로 손실을 싫어하는 마음을 손실회피편향이라고 합니다. 1+1, 2+1 행사 상품 역시 행사 기간 내에 사지 않으면 손해를 보는 것 같은 기분을 유도합니다. '한정 할인 판매', '10분간 타임 세일!' 등과 같은 문구도 손실회피편향을 이용하는 방법에 해당됩니다.

(3) 비교하기

사람은 본능적으로 비교를 통해 더 좋은 것을 취하고, 좋지 않은 것은 걸러내고자 합니다. 적절한 비교를 섞은 제목은 호기심을 불러일으켜 주목도를 높일 수 있습니다. '전기차 VS 승용차 시승기'나 '네이버 블로그와 티스토리 블로그의 광고 수익 비교 분석' 등의 제목이 이에 해당합니다.

(4) 질문으로 시작하기

사람은 보통 질문을 받으면 자연스럽게 대답하고 싶은 욕구가 생깁니다. 제목을 질문 형태로 만들면 읽는 사람이 좀 더 능동적으로 글을 읽고 반응할 수 있습니다. '어떻게 하면 ~할 수 있을까?', '~는 왜 ~할까?'와 같이 제목을 만들어볼 수 있습니다.

> 코카콜라는 어떻게 대기업이 되었을까?
> 20대에게 선물하기 좋은 향수는?
> 블로그, 상위 노출만 잘 되면 될까?
> 집콕에 필수! 주목받는 아이템은?
> 짧으면서도 알찬 회의 시간을 만들려면?

이외에도 유명인이나 유명 브랜드를 언급해 호기심과 신뢰감을 높이는 방법, '총정리', 'A to Z'와 같이 이 글에서 모든 정보를 얻어갈 수 있다는 인상을 주는 방법 등 여러 가지 유형이 있습니다.

방문자를 만족시키는 본문 작성 방법

앞에서 내 글을 클릭하게 만들기 위한 제목 짓는 방법을 알아보았습니다. 그런데 제목이 그럴싸해 내 글을 클릭했다고 해도 막상 내용이 형편없으면 브랜드에 대한 신뢰감이 오히려 더 크게 떨어질 수 있습니다. 양질의 글을 작성하기 위해 유지해야 하는 본문 형식 몇 가지를 알아보겠습니다. 읽는 사람 입장에서 생각해보면 이러한 작성법에 대해 금방 이해할 수 있을 것입니다.

가독성 있는 본문 작성하기

방문자를 만족시키는 본문 작성의 핵심은 가독성에 있습니다. 가독성 있게 본문을 작성하는 방법을 알아보겠습니다.

(1) 모바일 기반으로 작성하기

150쪽 키워드 검색수를 분석하면서 확인했듯이 네이버 검색은 PC에서보다 모바일에서 이용하는 비율이 월등히 높습니다. 90%에 가까운 사람들이 주로 모바일에서 검색하고 있으므로 스마트폰 화면에서 글을 편하게 볼 수 있도록 본문을 작성해야 합니다. 글을 작성한 후 업로드하기 전 오른쪽 아래에 있는 화면 모양 아이콘을 클릭하면 스마트폰이나 태블릿에서 해당 글이 어떻게 표시되는지 미리볼 수 있습니다.

▲ PC 화면

▲ 모바일 화면

(2) 두괄식으로 작성하기

요즘은 사진과 영상같이 빠르게 정보를 파악할 수 있는 시각화 자료에 익숙한 시대입니다. 결론이 가장 나중에 나오는 글은 보는 이가

지루함을 느껴 집중도를 떨어뜨릴 수 있습니다. 결론을 글의 가장 앞부분에 배치하면 속도감을 주기 쉽습니다.

(3) 한 문단에 3~4줄로 작성하기

한 문단이 너무 길면 읽는 사람이 지루함을 느껴 중간에 이탈할 확률이 높아집니다. 가독성을 높이려면 한 문단을 3~4줄 정도로 구성하는 것이 적당합니다.

> **| 시장 점유율 1위, 카카오 이모티콘**
>
> 카카오톡은 전국민이 쓰는 메신저라고 해도 무방할 정도로 대한민국 시장에서 압도적인 영향력을 행사하고 있습니다. 이모티콘 역시 카카오톡의 이모티콘이 가장 대중적이고, 가장 많은 판매량을 보여주고 있죠. 한 명의 작가에게 100억을 벌어다준 효자 이모티콘이라는 기사는 이제 식상할 정도입니다.
>
> 그만큼 카카오 이모티콘에 대한 관심은 단순 사용을 넘어 창작의 열풍으로까지 이어지고 있습니다. 시장 규모만 7,000억에 누구나 도전 가능한 플랫폼이라는 점은, 아마추어 그림 작가부터 그림 좀 그린다는 직장인까지 많은 사람들의 도전욕구를 불러일으키기 충분하니까요.
>
> 하지만 모든 일이 그러하듯 무언가 남에게 팔리는 '상품'을 만드는 일은 쉽지 않습니다.

(4) 글의 내용이 많다면 인용구나 구분선 활용하기

문단이 3~4줄보다 길어지면 내용의 핵심이 되는 문장을 인용구, 또는 구분선을 삽입해 나누는 것이 좋습니다.

> **26주적금**
> 26주적금은 자유 적금의 변형으로, 가입 기간은 말 그대로 26주(6개월)로 짧은 편입니다. 납입 금액은 적금에 가입한 금액만큼 매주 증액되어 돈이 쌓이는 것이 가장 큰 특징입니다. 예를 들어 처음 1,000원을 가입했다면 1주에는 1,000원이 저축되고, 2주에는 2,000원, 3주에는 3,000원··· 26주 차가 되면 26주 6,000원이 납입되는 형태입니다. 단, 중간에 납입 금액을 바꿀 수는 없습니다.
> TIP | 카카오뱅크의 자유 적금과 26주적금을 활용한 시스템은 각자가 직접 도전해보셨 성공한 방법이기도 합니다. 아 두 적금을 활용하면 인생 크게 멀지도 스스로 돈이 모이는 경험을 직접 할 것입니다.
>
> **66**
> 여기서 잠깐!
> 요즘은 카카오뱅크와 함께 토스, 케이뱅크 등에서도 고금리 적금 상품이 많이 나오고 있습니다. 고금리 예적금에 대한 자세한 내용은 다음 포스팅을 기대해주세요!
>
> ─────────────────
>
> **엑셀로 26주 풍차 돌리기 적금 플랜 만들기**
> 카카오뱅크 적금을 활용해 목돈 만들기에 도전해보겠습니다. 26주적금은 1,000원으로 시작하여 '26주+26주' 기간 동안 납입 금액을 총액하는 방식입니다.

(5) 문단과 문단 사이에 사진 넣기

사진 여러 개를 한번에 여러 개 배치하는 것보다 해당 문단의 맥락에 맞는 사진을 골라 중간중간 배치합니다. 자연스럽게 문단과 문단 사이를 구분할 수 있어 글이 더욱 매끄러워집니다.

(6) 글자 꾸미기를 적절하게 활용하기

강조하고 싶은 글자는 크기를 키우고 다른 색으로 표시하거나 밑줄을 긋는 등 다양한 효과로 꾸밀 수 있습니다. 다만 너무 많은 효과를 사용해 과하게 꾸미면 가독성이 떨어지므로 주의합니다.

이웃추가하여
소통하기

이웃추가는 꼭 필요할까?

블로그에서 이웃을 추가하려면 내가 이웃을 맺 고 싶은 블로그의 프로필에서 [이웃추가]를 클 릭하면 됩니다. 블로그 이웃을 추가하는 것은 즐겨찾기 추가와 비슷합니다. 이웃추가한 블로 그의 글이 업로드되면 알림을 받을 수 있어 바 로바로 소통할 수 있습니다. 블로그 이웃에는 이웃과 서로이웃, 두 가지 종류가 있고 서로이 웃으로 추가하면 서로의 이웃 목록에 올라가게

됩니다. 서로이웃은 최대 5,000명까지 추가할 수 있습니다.

블로그를 만들어 적절한 키워드로 글을 업로드했다고 해도 처음에 는 블로그 지수가 낮아 검색 결과 상위에 노출되기 힘듭니다. 이때

관심사가 비슷한 사람들과 이웃을 맺으면 자연스럽게 소통하며 블로그 지수를 올릴 수 있습니다. 또한 이웃이 남긴 긍정적인 댓글을 통해 방문자에게 내 글이 필요한 정보를 알려주는 유익한 글이라는 인상을 줄 수 있습니다.

서로이웃의 최대 인원이 모두 차서 서로이웃 신청이 불가능하다면 이웃 신청을 하면 됩니다. 이웃은 인스타그램의 팔로잉 기능과 유사합니다. 아무나 이웃으로 추가할 수도 있지만 브랜드 마케팅을 위해 블로그를 운영한다면 내 고객의 연령과 성별, 관심사 등을 고려해 잠재적 고객이 될 사람들과 이웃을 맺어 소통하는 것이 좋습니다.

이웃 관리하기

이웃을 관리하는 방법에 정답은 없습니다. 하지만 이웃을 그룹별로 잘 정리해놓으면 블로그 운영 방향에 맞게 이웃과 효율적으로 소통할 수 있습니다. ❶이웃 관리를 시작하려면 블로그 메인의 프로필에서 [관리]를 클릭하고 ❷왼쪽 메뉴에서 [열린이웃]–[이웃·그룹 관리]를 클릭한 후 ❸[이웃그룹] 탭을 클릭합니다.

이웃그룹에서는 이웃 목록에 그룹을 지정해 편리하게 분류할 수 있습니다. 자신의 직업과 관련된 키워드나 이웃을 맺은 날짜 등 여러 기준별로 그룹을 묶을 수 있습니다. 날짜별 그룹을 만들어 관리하면 이웃과의 소통 주기를 관리하기 편리합니다. 예를 들어 날짜별 그룹에서 새로운 이웃을 계속 추가하면서 한 달 이상 글이 올라오지 않거나 소통이 없는 이웃은 정리하며 관리할 수 있습니다.

		공개여부	이웃수	새글알림수
열린이웃	이웃그룹	이웃순서		
공개변경 삭제 +그룹추가			정렬된 이웃 명	
☐ 이웃그룹		공개여부	이웃수	새글알림수
☐ 새 그룹 | 수정		공개		
☐ SNS마케팅 수강생님 | 수정		공개		
☐ 미리캔버스 수강생님 | 수정		공개		
☐ 공개변경 삭제 +그룹추가				
		OPML파일	가져오기 내보내기	

▲ 키워드별 이웃그룹

이웃순서는 그룹별 이웃을 가나다순, 새글순 등의 기준으로 보여줍니다. 소통에 초점을 두고 여러 방식을 시도하면서 내 블로그 운영 방식과 가장 잘 맞는 소통 방식을 찾도록 합니다.

▲ 이웃순서

🅰 입소문을 부르는 SNS 실전 노하우

열린이웃 기능 알아보기

열린이웃 기능을 활용하면 웹주소만 입력해도 다음 블로그나 티스토리 블로그 등 네이버 블로그 외의 다른 플랫폼의 블로그와도 이웃을 맺고 타 플랫폼의 게시글을 바로 볼 수 있습니다. ❶[이웃 · 그룹 관리]에서 [열린이웃] 탭을 클릭하고 ❷[열린이웃(RSS) 추가]를 클릭합니다. ❸ 다음, 티스토리, 이글루스, 파란, 싸이월드 등의 블로그 주소를 이웃 그룹에 추가할 수 있습니다.

이웃과 효율적으로 소통하기

이웃과 소통하는 데에 많은 시간을 들일 필요는 없습니다. 하루 10분만 효율적으로 소통하면 충분합니다. 블로그 운영에 익숙해지기 전부터 너무 많은 이웃과 소통하면 시간도 많이 들고 관계를 이어 나가기 위한 부담이 쌓여 블로그 운영을 아예 포기할 수도 있습니다. 이웃과의 소통은 많이 하는 것보다 지속적으로 꾸준히 관리하는 것이 핵심입니다.

블로그에는 이웃과 소통할 수 있는 공감, 댓글, 안부글 기능이 있습니다. 블로그 메인 화면에 들어가면 [이웃새글]에서 이웃들이 올린 글 목록을 바로 볼 수 있습니다. 각 게시글의 아래쪽에 하트 모양의 공감해요 아이콘과 말풍선 모양의 댓글 추가 아이콘이 있습니다. 공감해요 아이콘은 글을 읽지 않고도 클릭할 수 있지만 기계적으로 공감만 클릭하는 행위는 블로그 지수에 별 도움이 되지 않습니다. 적은 이웃을 관리하더라도 밀도 있고 꾸준하게 소통하는 것을 추천합니다.

모바일에서
블로그하기

요즘에는 데스크톱에서 했던 거의 모든 일을 스마트폰으로도 처리할 수 있습니다. 네이버 블로그 역시 스마트폰으로 언제 어디서나 편리하게 운영할 수 있습니다. 네이버 블로그 애플리케이션을 이용하는 방법을 알아보겠습니다.

네이버 블로그 애플리케이션 이용하기

01 네이버 블로그 앱은 모든 스마트폰에서 다운받을 수 있습니다. IOS 기반 스마트폰은 App Store에서, 안드로이드 기반 스마트폰은 Google Play 스토어에서 **네이버 블로그**를 검색해 설치합니다.

> **핵심 콕콕 TIP** 네이버와 관련된 앱은 기능에 따라 분리되어 있습니다. '네이버 블로그' 앱을 다운로드합니다.

02 설치가 완료된 네이버 블로그 앱을 실행하면 로그인 화면이 나타납니다. ❶아이디와 비밀번호를 입력한 후 ❷[로그인]을 터치합니다.

블로그를 꾸미는 다양한 메뉴 알아보기

(1) 홈편집

내 블로그 홈에서 [홈편집]을 터치하
면 제목, 프로필 사진, 별명 등을 바
꿀 수 있습니다.

(2) 소개

브랜드 소개글, 전화번호, 주소를 입
력합니다. 세 개 중 하나만 입력해도
됩니다. 홈 화면에 표시하고 싶지 않
은 경우 [숨기기]를 터치합니다.

(3) 외부채널

블로그 외 다양한 외부채널을 연결하
여 홈 화면에 표시할 수 있습니다. 홈
화면에 표시하고 싶지 않은 경우 [숨
기기]를 터치합니다.

(4) 인기글/대표글

인기글에서는 매주 조회수가 많은 순
서대로 글이 나열됩니다. 대표글에
서는 블로그를 대표하는 글을 선정해
홈 화면에 노출합니다.

(5) 글 목록

블로그에 업로드된 글 목록을 볼 수
있습니다. 보기 방식은 앨범형, 목록
형, 카드형, 동영상형이 있습니다.

(6) 모먼트

모먼트를 이용해 브랜드 스토리를 전달하는 1분 내외의 동영상과
플래시를 만들 수 있습니다. 미리 만들어두었던 모먼트를 선택해 블
로그 메인 화면에 노출할 수 있습니다. 모먼트를 만드는 방법에 대
해서는 180쪽에서 설명합니다.

> **핵심 콕콕 TIP** [홈편집] 메뉴는 화면 아래쪽 화살표 버튼
> 을 통해 순서 변경이 가능합니다.

카테고리 추가하기

01 내 블로그 홈에서 [☰]를 터치합니다.

02 ❶ 카테고리 메뉴에서 오른쪽 위의 [⚙]을 터치하면 카테고리 설정 메뉴가 나타납니다. ❷ 카테고리 설정 메뉴 오른쪽 위의 [+]를 터치합니다.

03 카테고리 이름, 주제분류, 공개 여부를 설정하여 카테고리를 추가할 수 있습니다.

모바일에서
글 작성하기

모바일 앱으로 글 작성하기

01 블로그에 글을 작성하려면 내 블로그 홈에서 화면 아래쪽 가운데의 [✎]를 터치합니다.

02 제목을 입력합니다. ❶아래쪽 메뉴에서 글꼴, 글자 크기, 정렬을 설정할 수 있고 ❷오른쪽 위의 [🖾]를 터치해 제목 배경에 이미지를 추가할 수도 있습니다.

03 본문을 입력합니다. 글꼴, 글자 크기, 글자색, 글자 정렬, 굵기, 인용구, 밑줄, 배경색, 링크, 줄긋기 기능을 적용할 수 있습니다.

04 ❶[📷]를 터치해 직접 사진을 촬영하거나 사진이나 저장된 사진, GIF 이미지 등을 업로드합니다. ❷[☺]를 터치해 다양한 감정을 표현할 수 있는 스티커를 삽입할 수 있습니다.

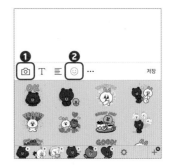

글 작성을 위한 메뉴 알아보기

입력 메뉴에서 [⋯]를 터치하면 글을 다채롭게 작성할 수 있게 도와주는 다양한 메뉴가 나타납니다.

❶ **인용구** : 책이나 다른 글에서 발췌한 문장을 강조하기 위해 사용합니다.

❷ **구분선** : 본문에서 내용을 구분할 때 사용합니다.

❸ **장소** : 본문에 장소와 지도를 첨부할 수 있습니다. 국내뿐만 아니라 해외의 장소와 지도도 첨부할 수 있습니다.

❹ **링크** : 본문에 링크를 첨부할 수 있습니다.

❺ **파일** : 문서, PDF, 이미지 등 각종 파일을 첨부할 수 있습니다.

❻ **글감** : 사진이나 책, 영화 등 본문을 더 풍성하게 만드는 글감을 삽입합니다.

❼ **음성 입력** : 녹음한 음성을 본문에 바로 삽입할 수 있습니다.

05 본문 작성을 마친 뒤 위쪽의 게시판 카테고리를 터치하여 카테고리 분류, 공개 설정, 글쓰기 설정, 태그 편집, 공지 사항 등록 여부를 설정합니다.

06 글을 최종 점검한 후 업로드할 준비가 되면 위쪽의 [등록]을 터치합니다. 업로드한 뒤에 다시 글을 수정하면 블로그 지수에 좋지 않은 영향을 주기 때문에 글을 등록하기 전에 꼼꼼하게 점검해야 합니다.

●핵심 콕콕 **TIP** 화면 아래쪽의 [저장]을 터치해 작성 중인 글을 임시 저장할 수 있습니다.

모바일에서
블로그 통계
분석하기

블로그 통계를 분석하면 게시글을 업로드하는 시간대나 글의 주제를 정할 때 등 다양한 의사결정에 큰 도움이 됩니다.

블로그 통계 확인하기

블로그 홈에서 []를 터치하면 주제별로 통계를 확인할 수 있습니다.

(1) 일간 현황

하루 동안의 조회수, 공감수, 댓글수, 이웃증감수를 볼 수 있습니다. 그래프 위쪽에서 조회수 순위, 유입경로, 성별/연령 등 다양한 기준을 설정해 통계를 확인할 수 있습니다.

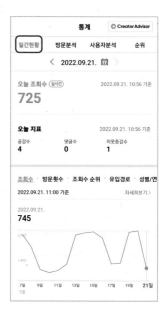

(2) 방문 분석

내 블로그의 방문 흐름을 파악할 수 있습니다. 재방문이나 평균방문 횟수 등 다양한 기준으로 분석할 수 있습니다.

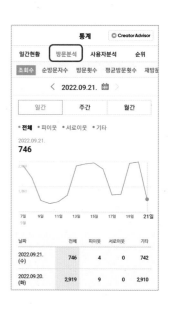

(3) 사용자 분석

방문자를 분석할 수 있습니다. 내 블로그에 어떤 경로로 유입됐는지, 들어온 시간은 언제인지, PC와 모바일 중 어떤 기기로 방문했는지 등 다양한 통계를 확인할 수 있습니다.

(4) 순위

게시글의 조회수나 공감수순위, 댓글수순위 등을 확인할 수 있습니다. 순위를 분석하면서 방문자가 어떤 글을 좋아하는지, 내 블로그의 인기글은 무엇인지 등을 쉽게 확인할 수 있습니다.

모먼트
시작하기

네이버에서는 2020년 4월에 모먼트 기능을 런칭했습니다. 모먼트는 인스타그램의 스토리 기능과 유사합니다. 1분 내외의 짧은 사진 모음이나 영상을 만들어 생동감 있는 콘텐츠를 전달할 수 있습니다. 모먼트는 블로그에 직접 방문하지 않고도 볼 수 있어 이웃과 소통할 때도 유용한 기능입니다.

직접 해보는 SNS 마케팅

모먼트 만들기

01 블로그 홈 왼쪽 위에 내 프로필 이미지가 표시됩니다. 이미지 아래쪽의 [⊕]를 터치해 모먼트 만들기를 시작합니다.

02 ❶ 화면 아래쪽의 [🔘]를 터치해 직접 촬영해 업로드하거나 ❷ 왼쪽의 [🖼]를 터치해 보관함에 있는 사진 또는 영상을 불러옵니다.

03 사진이나 영상을 불러오면 오른쪽 위에 모먼트 편집 메뉴가 나타납니다. 위에서부터 차례대로 태그, 텍스트, 펜, 영상 길이, 효과 메뉴입니다. 각 메뉴를 활용하여 나만의 모먼트를 만들어봅니다.

모먼트 편집 메뉴 알아보기

(1) 태그

장소, 날짜, 영화 등 다양한 대상을
태그할 수 있습니다.

(2) 텍스트

글을 입력하고 글꼴, 정렬, 글자색을
설정할 수 있습니다.

(3) 펜

다양한 색상의 펜으로 직접 글을 적
거나 그림을 그릴 수 있습니다.

(4) 영상 길이

영상 길이를 조정합니다. 사진도 영
상처럼 재생 시간을 설정할 수 있습
니다.

(5) 효과

영상에 적용할 다양한 효과를 선택하거나 명도, 채도를 변경해 모먼
트를 꾸밀 수 있습니다.

CHAPTER **04**

단골을 만드는
SNS 소통법

오프라인에서 단골을 만드는 기본적인 방법은 한자리에서 오랜 기간 동안 고객을 맞이하는 것입니다. 실제로 30년 가까이 자리를 지킨 작은 슈퍼가 바로 옆 대형 마트와 온라인 쇼핑몰에 밀리지 않고 독보적으로 업을 이어가는 사례가 있습니다. 고객에게 지속적으로 노출되고 소통하며 관계를 만들었기 때문입니다. 온라인에서도 단골을 만드는 방법은 동일합니다. 지속적인 노출과 소통, 그리고 그 과정에서 고객이 필요하거나 불편한 점을 먼저 생각하는 태도가 단골을 만듭니다.

소통 창구
활짝 오픈하기

고객과의 소통이 중요한 이유

홍보, 문의에 대한 답변, 배송 안내 등 고객과 소통해야 하는 여러 상황이 있습니다. 고객과의 소통 과정에서 신뢰를 얻을 수도 있고 반대로 신뢰를 잃을 수도 있습니다. 이러한 이유로 온오프라인에서 사업을 운영하는 많은 사업주가 SNS나 온라인 스토어 창구 등을 통해 고객과 원활하게 소통하기 위해 많은 노력을 기울이고 있습니다. 성공적인 소통 사례를 통해 그 중요성을 살펴보겠습니다.

#온라인 스토어에서의 고객 소통 사례

'서우농부'는 사과를 판매하는 브랜드입니다. 서우농부의 사업주는 인스타그램을 운영합니다. 평상시 근면 성실하게 유기농 사과를 재배하는 모습을 꾸준히 업로드하면서 고객과 소통해왔습니다. 서우농부는 여름 판매 이벤트를 통해 많은 고객들에게 사과 주문을 받았습니다. 그런데 7월 한 달 중 비가 22일이나 내려 사과 수확이 예정보다 늦어졌고 수확한 사과의 맛도 좋지 않았습니다. 배송이나 품질에 민감한 국내 소비자 심리를 감안했을 때 이러한 상황에서 그대로 배송 판매를 강행하면 고객의 신뢰를 잃어버릴 수밖에 없었습니다.

서우농부의 사업주는 고객에게 배송 지연 안내 전화를 돌리기로 결심했습니다. 전후 사정을 명확하게 설명하고, 당장 되는 대로 사과를 보내기보다 맛이 좋을 때 수확해서 제대로 된 상품을 보내고 싶다고 양해를 구했습니다. 물론 고객이 기다리는 것을 원치 않을 경우 주문을 취소할 수 있는 방법도 안내했습니다. 보름에서 한 달을 기다려야 하는 고객에게는 일부러 두 번씩 전화를 걸어 안내했습니다. 이후 사과를 배송할 때는 장문의 손편지로 감사의 메시지를 함께 전했습니다. 고객들은 평소 서우농부가 소통하며 보여준 신뢰, 그리고 문제를 잘 해결하고자 하는 정성에 감동하여 높은 고객 평가 점수를 주었습니다. 서우농부는 고객들에게 재구매는 물론, 다음 사과는 언제 출시되냐는 문의까지 받으며 성공적으로 여름 사과 판매를 종료했습니다.

물건을 주문한 고객은 보통 배송 도착일을 궁금해 합니다. 국내에서는 별다른 사정이 없다면 통상적으로 하루에서 이틀 사이에 물건이 도착합니다. 요즘은 구매 당일에 도착하는 배송 서비스도 많아졌습니다. 배송 기간이 3~4일 정도 걸리면 제품이 아무리 좋아도 소비자가 구매를 망설이게 되는 이유가 될 수 있습니다. 따라서 배송 지연은 사소해 보이지만 생각보다 큰 문제입니다. 그럼에도 서우농부는 배송이 지연되는 문제를 잘 해결했습니다. 앞에서 살펴보았듯이 그 비결은 바로 고객과의 긴밀한 소통이었습니다.

다음으로는 오프라인 매장을 운영하는 브랜드의 소통 사례를 살펴보겠습니다.

#오프라인 매장에서 고객과의 소통 사례

B 브랜드는 오프라인 매장에서 견과류를 판매하고 있습니다. B 브랜드의 사업주는 '한 번이라도 매장을 다녀간 고객은 꼭 기억한다'라는 모토로 매장을 운영하고 있습니다. 매장을 방문한 고객의 모든 특징을 차트에 메모해 재방문한 고객과 소통하고 관계를 두텁게 하는 데에 활용했습니다. B 브랜드의 이러한 전략은 사업주가 SNS 마케팅을 시작하면서 더욱 빛을 발했습니다. 인스타그램을 통해 이벤트를 열고 하루 30명씩 고객을 찾아가 댓글을 달았습니다. 차트를 확인하며 철두철미하게 고객과의 소통을 관리한 결과, 고객 중 30퍼센트 이상이 명절이면 B 브랜드의 견과류를 대량 주문했습니다. 또한 SNS를 소통 창구로 활용하며 문의나 컴플레인에 유연하게 대처하는 등 효과적으로 고객을 관리하고 있습니다.

오프라인 매장을 운영하는 브랜드는 고객을 직접 대면하면서 나름대로의 고객 관리 노하우를 쌓습니다. 이러한 노하우와 SNS 마케팅이 시너지를 내며 브랜드 운영에 더욱 긍정적인 영향을 미쳤습니다. 오프라인과 온라인의 경계가 점점 옅어짐에 따라 오프라인 매장을 운영할 때도 SNS를 적절히 활용하면 위 사례와 같이 훨씬 효과적으로 고객과 소통할 수 있습니다. SNS 마케팅의 목적은 고객에게 직접 다가가 소통하는 것임을 꼭 기억해야 합니다.

카카오톡 채널&
오픈 채팅방에서
소통하기

온라인에서 고객과 소통할 수 있는 수단을 살펴보겠습니다. 먼저 카카오톡 채널, 오픈 채팅방을 통해 고객과 주기적으로 소통하는 방법이 있습니다. 큰 기업뿐만 아니라 중소기업 또는 개인 사업자도 이를 활용하는 경우가 많습니다. 카카오톡 채널을 활용하면 스마트폰만으로 언제 어디서나 고객과 편리하게 소통할 수 있습니다. 스마트폰으로 카카오톡 채널 개설 방법을 살펴보겠습니다.

카카오톡 채널&오픈 채팅방 개설하기

01 ❶App Store 또는 Google Play 스토어에서 **카카오톡 채널 관리자**를 검색하여 ❷[카카오톡 채널 관리자] 앱을 설치합니다.

02 ❶ 설치한 앱을 실행하고 [카카오톡으로 시작하기]를 터치하면 카카오 비즈니스 회원가입 메시지가 나타납니다. ❷[확인]을 터치합니다. 카카오 비즈니스 회원가입을 진행합니다.

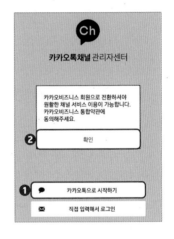

03 회원가입을 완료했으면 카카오톡 채널을 만들기 위해 [새 채널 만들기] 터치합니다.

04 본격적으로 채널을 만들어보겠습니다. ❶ [채널 이름]을 입력합니다. ❷ 카카오톡 프로필 사진처럼 카카오톡 채널의 프로필 사진을 설정합니다. ❸ 다른 사람이 채널을 검색할 수 있도록 [검색용 아이디]를 입력합니다. ❹ [카테고리]는 내 브랜드 업종에 맞게 선택합니다. ❺ [소개메시지]는 브랜드를 소개하는 내용으로 간단히 적어줍니다. ❻ 모두 완료되었다면 [새 채널 만들기]를 터치합니다.

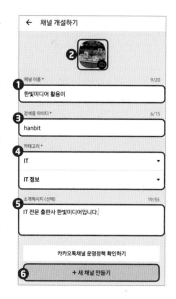

05 처음 채널을 개설하면 모든 설정이 비공개로 되어 있습니다. 공개 설정을 해야 내 채널이 다른 사람들에게 노출됩니다. 채널 홈에서 오른쪽 위의 [관리]를 터치합니다.

06 ❶ 내 채널 프로필을 터치합니다. ❷ 프로필 정보 설정 화면 아래쪽에서 [프로필 공개], [검색허용]을 활성화합니다. [검색허용]을 활성화한 후 카카오톡 오픈채팅에서 내 채널이 검색 결과에 노출되려면 2~3일 정도가 소요됩니다.

> **●핵심 콕콕 TIP** 내 채널로 연결되는 링크를 다른 사람들에게 공유하려면 [채널 URL]을 터치하고 [복사하기]를 터치합니다. 바로가기 링크가 복사됩니다.

네이버 톡톡에서
소통하기

네이버 쇼핑이나 스마트스토어, 또는 쇼핑라이브를 통해 물건을 판매하고 고객과 원활하게 소통하기 위해서는 PC와 모바일에서 네이버 톡톡을 필수적으로 사용해야 합니다. 네이버 톡톡에서는 상담 시간, 알림, 환영 인사 등을 설정해 편리하게 상담을 진행할 수 있습니다.

네이버 톡톡 운영하기

01 ❶ 네이버에 **네이버 톡톡 파트너센터**를 검색하고 ❷ [네이버 톡톡 파트너센터]를 클릭합니다.

02 톡톡 파트너센터에 접속해 [시작하기]를 클릭합니다.

03 ❶ 네이버 아이디로 로그인하면 톡톡 파트너 회원가입 화면이 나타납니다. ❷ 약관 동의와 휴대폰 인증 과정을 진행합니다.

04 [계정 만들기]를 클릭합니다.

05 원하는 네이버 서비스를 연결하고, 없다면 [건너뛰기]를 클릭해 넘어갑니다.

06 [개인], [국내사업자], [해외사업자], [기관/단체] 중 해당하는 항목에 체크한 후 필요한 정보를 모두 입력하고 [다음]을 클릭합니다.

07 ❶ 프로필 정보를 입력한 후 ❷[사용 신청]을 클릭합니다. 사용 신청 후 승인이 완료될 때까지 반나절 정도 소요됩니다.

08 톡톡 파트너센터 회원가입과 톡톡 계정 만들기가 완료되었습니다. 승인되면 회원가입 시 입력한 번호로 문자 메시지가 옵니다.

09 추가로 블로그에 톡톡 서비스를 연동하면 홍보 효과가 있습니다. ❶내 블로그 관리 화면에서 [기본 설정] 탭을 클릭하고 ❷[블로그 정보] 메뉴를 클릭합니다.

10 블로그 정보 메뉴 아래쪽의 [네이버 톡톡 연결]에서 원하는 톡톡 계정을 선택해 연동합니다.

11 스마트폰에서도 네이버 톡톡을 활용할 수 있도록 네이버 블로그 앱에서도 연동해보겠습니다. ❶ 네이버 블로그 앱을 열고 오른쪽 위의 [☰]를 터치한 후 ❷ [환경 설정]을 터치합니다.

12 [네이버 톡톡 연결]을 활성화합니다.

인스타그램 DM으로 소통하기

인스타그램의 DM(Direct Message)은 많은 사람들이 이용하는 기능입니다. 인스타그램을 통해 고객과 소통하고 있다면 DM 기능을 잘 활용해야 합니다. DM은 고객과의 1:1 소통 창구로 고객의 문의를 받거나 직접 상담할 때 유용하게 활용할 수 있습니다. 인스타그램 DM은 사용법이 매우 간단하고 편리합니다.

인스타그램 DM 활용하기

(1) 다른 계정에 DM 보내기

01 DM을 보내고 싶은 계정 홈에 들어가 해당 프로필 하단의 [메시지]를 터치합니다.

02 DM 화면 하단의 입력창에 메시지를 입력합니다. 텍스트뿐만 아니라 음성, 사진, 스티커 등도 보낼 수 있습니다.

(2) 마음에 드는 피드를 DM으로 공유하기

인스타그램 피드(게시물)에서 발견한 제품이나 콘텐츠를 인스타그램
친구에게 공유하고 싶을 때도 DM을 활용합니다.

01 피드의 사진 아래에 있는 [▽]를
터치합니다.

02 인스타그램 친구 목록이 나타납
니다. 검색 또는 스크롤하여 DM을
보낼 계정 오른쪽의 [보내기]를 터치
합니다.

> ⬤ **핵심 콕콕 TIP** [스토리에 게시물 추가]를
> 터치하면 내 스토리에 해당 게시물을 공유할
> 수 있습니다.

(3) DM 취소하기

인스타그램 DM을 보낸 후 취소할 수 있습니다. DM 전송을 취소해
보겠습니다.

01 전송을 취소하고 싶은 메시지나
사진 등을 길게 터치합니다.

02 ❶[메시지 전송 취소]를 터치하면 DM 전송이 취소됩니다. ❷
[확인]을 터치합니다.

특별부록

이제는 직접 소통의 시대!
라이브커머스
도전하기

SNS 마케팅의 목적은 고객에게 내 콘텐츠를 자주 노출시켜 구매전환율을 높이는 것입니다. 라이브커머스의 등장은 고객과의 접점을 늘릴 수 있는 좋은 기회입니다. 라이브커머스에서는 실시간 소통을 통해 고객과 좀 더 직접적으로 만날 수 있어 많은 기업이 시도하고 있습니다.

개인이 라이브커머스를 시작하는 것 역시 어렵지 않습니다. 고객에게 적극적으로 다가가고 싶다면 특별부록을 통해 도전해보기 바랍니다.

라이브커머스 알아보기

코로나19 펜데믹 시대 이후 시장에는 많은 변화가 생겼습니다. 오프라인 매장을 운영하는 소상공인을 비롯해 수많은 기업은 매출에 큰 타격을 입었습니다. 이를 해결하기 위한 여러 방안들이 쏟아졌고 그중 하나가 온라인 마켓입니다. 온라인을 통한 판매는 기존에도 존재했으나, 최근 들어 그 방식이 더욱 편리하고 다양해졌습니다. 이러한 배경에서 등장한 라이브커머스는 급속도로 성장하고 있습니다.

라이브커머스는 생방송을 뜻하는 '라이브'와 상거래를 뜻하는 '커머스'가 합쳐진 말입니다. 실시간 스트리밍을 통해 상품을 소개하고 소비자와 양방향으로 소통하는 서비스를 의미합니다. 온라인 쇼핑몰, TV 홈쇼핑과 라이브커머스가 크게 다르지는 않습니다. 그런데도 굳이 라이브커머스라는 이름을 붙여 기존 온라인 판매 방식과 차이를 두는 이유는 무엇일까요? 라이브커머스는 판매자가 소비자에게 일방적으로 정보를 전달하는 기존 서비스를 보완해 소비자와의 소통이 실시간으로 이루어지기 때문입니다.

라이브커머스가 주목받는 이유

국내 대표적인 라이브커머스 플랫폼으로는 티몬의 티비온라이브, 올리브영의 올라이브, 네이버의 쇼핑라이브, 롯데백화점의 100라이브, 카카오의 톡딜라이브, 인스타그램의 라이브 등이 있습니다. 라이브커머스의 핵심 키워드는 실시간 소통입니다. 판매자가 상품을 소개하고 소비자와 채팅으로 소통하는 과정에서 고객과의 직접적인 접점이 생깁니다.

라이브커머스에서는 판매자와 구매자 간의 소통뿐만 아니라 구매자 간의 실시간 소통도 이루어집니다. 기존 온라인 쇼핑을 이용할 때에는 제품 문의를 남기면 답변을 얻기까지 일정 기간을 기다려야 했고 잘못 구매한 제품을 환불 받으려면 수많은 절차를 거쳐야 해서 매우 번거로웠습니다. 이러한 단점은 구매자가 한번 물건을 살 때 잘 사고 싶은 부담감을 느끼게 하여 구매를 망설이게 만드는 큰 요인이 됩니다.

라이브커머스에서는 구매자가 실시간으로 소통하며 궁금한 점을 바로 물어볼 수 있고 제품에 대한 다른 사람들의 의견도 얻을 수 있습니다. 기존 온라인 쇼핑에서도 다른 고객의 리뷰를 통해 제품 사용 후기를 확인할 수 있었지만 리뷰수가 적거나 가짜 후기가 있으면 구매 결정에 방해가 됩니다. 가짜 후기는 소비자가 제품에 대한 긍정적인 의견을 가지도록 유도하기 위해 판매자가 직접 돈을 들여 의뢰한 후기를 말합니다. 반면 라이브커머스는 현장에서 다른 고객들로부터 상품에 대한 여러 정보를 실시간으로 얻을 수 있습니다.

라이브커머스가 타깃으로 삼는 고객층은 MZ세대라 불리는 20~40대입니다. MZ세대는 1980년대 초에서 2000년대 초에 출생한 밀레니얼 세대와 1990년대 중반과 2000년대 초에 출생한 Z세대를 의미합니다. 이들은 모바일 환경에 친숙합니다. 페이스북이나 인스타그램과 같은 SNS 서비스를 활발하게 사용하며 모바일 기반 유통 시장에서 강한 영향력을 가지고 있습니다. 자신의 의견을 표출하기 좋아하고 다양한 취향을 공유하는 세대입니다.

MZ세대에게 접근하는 효과적인 방법 중 하나가 라이브커머스입니다. 라이브커머스는 단순한 쇼핑을 넘어 소비자에게 소통과 재미를 주는 하나의 새로운 쇼핑 문화로 자리잡고 있습니다.

라이브커머스를 시작할 때 많이 하는 고민

라이브커머스가 MZ세대의 새로운 쇼핑 문화라고 하지만, 막상 시작하려면 어렵게 느껴질 수 있습니다. 라이브커머스에서도 결국 TV 홈쇼핑처럼 제대로 된 방송을 해야 할 것 같기 때문입니다. 방송을 시작하기에는 개인이나 소규모 브랜드로서 비용에 대한 부담도 생길 수 있습니다. 라이브커머스를 시작할 때 사람들이 많이 하는 고민은 다음과 같습니다.

쇼호스트 섭외

라이브커머스에는 말을 재미있게 잘하는 쇼호스트가 항상 등장합니다. 쇼호스트를 섭외하는 비용이 부담되고 사업주 자신이 출연하기에는 더 큰 부담을 느껴 시도조차 하지 못합니다.

촬영 공간과 장비

방송을 준비할 때 콘텐츠와 기획이 중요한 만큼 시설이나 장비도 매우 중요합니다. 화질을 고려하면 스마트폰으로는 찍으면 안 될 것 같고, 큰 스튜디오와 화려한 조명, 여러 가지 장식도 필요할 것 같아 부담을 느낄 수 있습니다.

라이브커머스에 필요한 것

라이브커머스를 시작하기 어렵게 만드는 다양한 고민을 해결하기 위해 라이브커머스에 필요한 세 가지를 알아보겠습니다.

공간 대여

촬영이 가능할 만큼 넓은 공간이나 개인 스튜디오를 소유하고 있는 사람만 라이브커머스를 할 수 있다고 생각합니다. 하지만 실제로 공간을 대여해서 촬영하는 경우가 더 많습니다.

공간을 대여할 때는 촬영이 가능할 만큼 충분한 공간인지 잘 살펴봐야 합니다. 라이브커머스 촬영에 필요한 장비와 판매 상품을 놓을 자리, 촬영 인력이 움직일 수 있는 공간을 고려해야 합니다. 공간이 부족하면 촬영이 힘들 뿐만 아니라 사람들의 동선이 꼬여 방송에 부정적인 영향을 줄 수 있습니다. 공간 대여 업체에서는 공간이 더 커 보이는 사진을 제공할 수 있으므로 사진만 보고 공간을 대여하지 말고 직접 공간을 방문하거나 다녀온 사람들의 후기를 꼼꼼하게 읽어보고 결정해야 합니다.

또한 라이브 방송을 촬영하다 보면 예상보다 공간 대여 시간이 더 필요할 수도 있습니다. 대여 시간을 넉넉하게 잡아야 하고 인원수에 따라 추가 금액을 지불해야 하는 경우도 고려해야 합니다. 시작부터 무리하게 공간을 대여한다면 시간당 대여비가 높아 전체 예산에 부담이 될 수 있습니다. 이 모든 것을 고려하여 예산 내에서 공간을 대여해야 합니다.

장비 대여

영상의 퀄리티는 라이브 방송에서 가장 중요합니다. 하지만 방송국이나 영상 촬영 전문가가 사용하는 장비는 가격이 매우 비싸므로 대부분 장비를 대여합니다. 촬영 공간(스튜디오)을 대여하면 대부분은 장비를 함께 제공해주지만 촬영 콘셉트에 어울리는 배경지가 없거나 필요한 장비가 부족한 경우도 많습니다. 따라서 필요한 배경지, 삼각대, 카메라, 음향 기기, 조명 등의 구비 여부와 장비 상태를 반드시 확인해야 합니다.

인터넷 연결

라이브 방송을 진행해야 하므로 인터넷이 안정적으로 연결되는 곳인지 확인하는 것도 중요합니다. 건물 내부의 특정 장소에서 인터넷이 잘 연결되지 않는 경우가 있으므로 촬영 장소에서 인터넷이 끊김없이 연결되는지 확인해야 방송 사고를 방지할 수 있습니다.

환경적 요인

환경적 요인으로는 먼저 외부 소음이 있습니다. 방송에 영향을 줄 만큼 외부 소음이 크게 들리는지 확인해야 합니다. 방음이 잘 되지 않는 공간이라면 외부 소음이 함께 방송될 수 있습니다. 다음으로는 공간의 밝기입니다. 촬영 시 필요한 밝기를 확보할 수 있는지 확인해야 합니다. 빛의 양이나 종류에 따라서 출연자와 제품의 느낌이 매우 다르게 보입니다. 조명의 광량이 낮은 경우 현장에서는 큰 문제가 없어도 방송 화면에는 선명하게 나오지 않을 수 있으므로 화면을 꼭 확인해야 합니다.

라이브커머스를 위한 공간 확보하기

라이브커머스에 적합한 공간에 대해 구체적으로 살펴보겠습니다.

크기

라이브커머스를 진행하기 위해서는 가로 3m, 세로 1m 정도의 공간만 있어도 충분합니다. 다만 제품과 촬영 장비를 배치하고 촬영 인력이 움직일 공간을 감안해 공간을 확보합니다.

구도

라이브커머스 이용자는 주로 스마트폰으로 방송을 시청합니다. 따라서 세로가 긴 수직 구도로 촬영하는 것이 좋습니다. 또한 영상을 촬영할 때는 출연자와 상품뿐만 아니라 화면 자체, 즉 카메라도 함께 움직이므로 이를 모두 고려해 구도를 잡아야 합니다.

카메라 움직임

카메라의 움직임은 크게 세 가지로 나눌 수 있습니다. 줌과 팬 그리고 틸트입니다.

줌은 카메라를 이용해 피사체를 크게 키우거나 축소해 촬영하는 방식입니다. DSLR 카메라는 렌즈를 돌려서 줌을 조절하고, 스마트폰은 화면을 두 손가락으로 벌리거나 좁히면서 줌을 조절합니다. 스마트폰에서 화면을 크게 확대하면 화질이 저하되기 쉬우므로 확대하기보다 스마트폰을 피사체 근처로 가져가 촬영하는 것을 권장합니다.

팬은 카메라를 오른쪽이나 왼쪽으로 돌리는 것을 의미하고, 틸트는 위나 아래로 움직이는 것을 뜻합니다. 팬이나 틸트 기법은 공간 전체를 화면에 담기 힘들거나 구도를 잡기 어려운 경우에 사용합니다. 공간 전체를 보여주기 위한 수평 이동에는 팬 기법을, 수직 이동은 틸트 기법을 활용합니다. 영상을 촬영할 때는 손으로 직접 카메라를 들고 찍기도 하지만 짐벌과 같은 보조 장비를 이용하면 손떨림을 방지할 수 있어 높은 퀄리티의 영상을 만들 수 있습니다.

고정된 구도

고정된 피사체를 촬영할 때는 헤드룸과 노즈룸을 고려하여 구도를 잡습니다. 헤드룸은 피사체의 머리 위에 공간을 만드는 것이고, 노즈룸은 코 앞에 공간을 만드는 것입니다. 이 두 구도는 예전부터 자주 사용하는 구도이며, 매우 안정적입니다. 요즘에는 노즈룸과 헤드룸 같은 기본 구도를 깬 새로운 구도들이 많습니다. 기존에는 안정감을 깨뜨릴 수 있다는 이유로 많이 사용되지 않았지만, 최근 들어 개성을 드러낼 수 있는 촬영 기법으로 자리 잡고 있습니다.

지금까지 공간을 마련하고 촬영할 때 고려해야 할 기본적인 사항을 알아보았습니다. 아직 어떻게 촬영해야 할지 어렵게 느껴진다면 다른 브랜드의 라이브커머스, TV 홈쇼핑, 유튜브 영상, 영화 등을 참고합니다. 기획자의 의도에 따라 다르게 촬영된 영상을 이해하고 참고하다 보면 직접 영상을 촬영하는 것 또한 훨씬 수월해질 것입니다.

나만의 스튜디오 세팅하기

촬영할 공간을 확보했다면 이제 공간을 세팅해야 합니다. 라이브커머스 촬영을 위한 공간은 어떻게 세팅해야 할까요? 라이브커머스를 자주 기획하고 진행하다 보면 매번 공간을 대여하는 것이 번거롭게 느껴질 수 있습니다. 필요한 소품과 장비를 구하고 옮기는 일도 부담스러울 수 있습니다. 그렇다고 직접 스튜디오를 만들기에는 큰 비용이 들어갑니다. 이를 해결하기 위해 집에서도 나만의 스튜디오를 만들어볼 수 있습니다. 앞서 살펴보았듯이 라이브커머스 촬영에 필요한 공간은 생각보다 크지 않습니다. 지금부터 나만의 스튜디오를 만드는 방법을 알아보도록 하겠습니다.

촬영 배경

공간을 대여하지 않고 자체적으로 구한 공간이나 집에서 라이브커머스를 촬영할 때 배경이 영상 콘셉트와 어울리지 않는 경우가 많습니다. 제품 촬영에는 심플한 단색 배경이 필요하지만 공간의 벽지가 과도하게 화려한 경우도 있습니다.

이런 경우에는 배경용 천을 활용하는 것이 좋습니다. 배경용 천을 미리 구매해두면 어떤 제품에도 무난하게 활용할 수 있습니다. 화려한 벽지는 특정 구도와 제품에는 적합하지 않아 영상의 전체 콘셉트와 어울리지 않기 때문입니다. 이때 배경용 단색 천을 활용한다면 일정한 퀄리티로 촬영할 수 있습니다.

인터넷 쇼핑몰에서 판매하는 배경용 천은 크기, 색상 등이 다양합니다. 어떤 크기를 골라야 할지 고민된다면 가로 2m, 세로 3m 정도를 추천합니다. 색상은 흰색, 검은색, 회색, 파란색 등 다양한 색상 중 촬영 콘셉트에 맞는 색을 고릅니다.

촬영 조명

조명 유무에 따라 영상의 퀄리티가 많이 달라집니다. 간단한 사진을 찍을 때조차 조명 아래에서 찍은 피사체와 조명 없이 찍은 피사체의 차이를 경험해본 적이 있을 것입니다.

제품을 홍보하는 화면은 밝은 것이 좋습니다. 어둡고 침침한 분위기는 구매자가 제품에 호감을 느끼기 어려울 수 있습니다. 스튜디오에는 기본적인 조명들이 구비되어 있으나, 자신만의 조명을 마련하고 싶다면 룩스원라이트3, 룩스패드43을 추천합니다.

룩스패드43은 두 개의 조명으로, 룩스원라이트3은 한 개의 조명으로 구성됩니다. 새 제품은 30만 원 후반대로 구매할 수 있고, 중고 제품은 더 저렴하게 구매할 수 있습니다.

거치대

라이브커머스를 촬영할 때는 촬영용 카메라를 안정적으로 올려놓을 수 있는 거치대가 필요합니다. 스마트폰만 거치할 수 있는 거치대보다 스마트폰, 태블릿을 함께 거치할 수 있는 튼튼한 거치대를 추천합니다. 좀 더 안정적으로 거치할 수 있어

라이브 방송에 적합하기 때문입니다. 1~2만 원대로 적합한 거치대를 구매할 수 있습니다.

테이블, 의자, 선반

테이블, 의자, 선반이 반드시 필요한 것은 아닙니다. 그러나 촬영할 제품에 따라 전용 테이블, 의자, 선반을 구비해두는 것이 좋습니다. 아무 테이블이나 선반 등을 사용하면 촬영 콘셉트에 적합하지 않을 수도 있고, 사용한 흔적이 노출되어 영상의 퀄리티를 낮출 수도 있기 때문입니다. 7만 원대로도 적당한 테이블, 의자 등을 구매할 수 있습니다.

지금까지 라이브커머스에 알맞은 공간을 세팅하기 위해 필요한 것들을 알아보았습니다. 라이브커머스를 자주 진행하는 사업주라면 공간을 매번 대여하기보다 자신만의 스튜디오를 만들면 비용을 절감할 수 있습니다. 셀프 스튜디오를 제작할 경우 얼마나 자주 라이브커머스를 촬영할 것인지에 따라 초기 비용을 책정하면 됩니다. 나만의 스튜디오가 당장은 필요 없더라도 라이브커머스를 자주 진행하는 사업주라면 앞서 설명한 내용을 숙지하는 것이 좋습니다.

라이브커머스 기획하기

이제 사람들의 구매 욕구를 자극하는 라이브커머스를 기획해 보겠습니다. 더 나아가 풍성한 라이브커머스를 진행하는 꿀팁까지 알아봅니다.

메인 키워드 설정하기

블로그에 글을 쓸 때 주제의 핵심 키워드를 먼저 정해두면 글의 중심을 잡을 수 있습니다. 라이브커머스도 마찬가지입니다. 블로그에 글을 쓴다고 생각하면서 키워드를 하나 정하고 라이브커머스 플로우를 짜봅니다. 제목, 서론, 본론, 결론에 각각 메인 키워드를 넣어서 스토리를 짜면 라이브커머스를 기획하는 것이 한결 더 수월해집니다.

키워드를 선정할 때는 셀러랩스(Sellerlabs)라는 프로그램을 활용하면 좋습니다. 셀러랩스는 초보자도 이해하기 쉬운 매뉴얼을 제공하는 키워드 종합 솔루션 프로그램입니다. 아이템 발굴부터 상품명, 마케팅 검색 순위 관리까지 좋은 키워드를 검색할 수 있습니다.

콘셉트 만들기

제품과 어울리는 콘셉트를 설정하면 훨씬 더 재미있게 라이브커머스 방송을 진행할 수 있습니다. 예를 들어 뽀로로 캐릭터가 그려진 젤리 제품을 홍보하는 라이브커머스를 진행한다고 가정해보겠습니다. 귀여운 콘셉트이기 때문에 출연하는 아이들뿐 아니라 쇼호스트의 헤어, 의상 스타일도 귀엽고 아기자기하게 세팅합니다. 또한 시청자와 함께하는 동요 부르기 콘테스트 코너를 구성하는 등 다양하고 콘셉트에 어울리는 방송을 기획할 수 있습니다.

만약 쫀득한 찹쌀 순대를 홍보한다면 뽀글 파마를 한 구수한 이미지의 중년부부를 메인 캐릭터로 합니다. 부부가 찹쌀 순대와 일반 순대를 번갈아 먹으면서 사투리로 구수하게 맛을 표현합니다. 이렇게 제품의 특성을 반영해 재미있는 콘셉트를 만들어봅니다.

예능으로, 쇼로, 또는 영화로 꾸미기

라이브커머스의 흔한 이미지는 카메라 앞에서 말 잘하는 쇼호스트가 나와 혼자서 물건을 판매하는 것입니다. 하지만 반드시 그렇지는 않습니다. 버라이어티나 퀴즈 쇼, 예능 프로그램, 단편 영화, 온라인 전시회처럼 다양한 형태로 라이브커머스를 진행할 수 있습니다.

시청자와 적극적으로 소통하기

라이브커머스와 일반 TV 홈쇼핑의 가장 큰 차이는 '커뮤니케이션'입니다. 라이브커머스에는 채팅 기능이 있기 때문입니다. 단순하게 시청자와 대화를 주고받기보다 좀 더 적극적으로 소통하는 방송을 사용하는 것이 좋습니다. 예를 들어 시청자 퀴즈를 내거나 SNS 이벤트에 참여하는 장면을 찍고 태그를 걸어 인증하면 그 장면을 방송에 내보내고 추첨을 통해 선물을 주는 방법 등이 있습니다.

라이브 방송 테스트하기

스튜디오 세팅 및 라이브커머스 기획까지 마쳤습니다. 이제는 실제 방송에 들어가기 전에 방송을 제대로 진행할 수 있는지 테스트가 필요합니다. 촬영 준비가 완벽하게 세팅되었더라도 방송 중에는 예상하지 못한 기술적인 문제로 영향을 받을 수 있기 때문입니다. 라이브커머스 방송 테스트에서 어떤 내용을 확인해야 하는지 알아보겠습니다.

촬영 기기의 저장 용량 체크하기

스마트폰이나 태블릿 등 촬영 기기의 용량이 부족하면 라이브커머스 방송 중에 방송이 끊길 수 있습니다. 촬영하는 기기는 최소 500MB 이상의 저장 용량이 남아 있어야 합니다. 촬영하는 스마트폰이나 태블릿의 저장 용량을 사전에 꼭 확인해야 합니다.

재난 문자 차단 및 방해 금지 모드 설정

요즘에는 예상하지 못한 순간에 재난 문자가 옵니다. 진동 소리가 나기도 하고 스마트폰에서 이를 전화로 인식해 촬영이 중단될 수도 있습니다. 스마트폰으로 라이브커머스를 촬영할 때는 미리 재난 문자를 차단해야 합니다.

방해 금지 모드를 설정하는 것도 필요합니다. 방해 금지 모드는 사용자가 설정한 시간 동안 스마트폰의 전화, 문자 등의 알림을 차단하는 설정입니다. 방송 중 예상치 못한 전화가 온다면 방송이 중단되는 곤란한 상황이 발생합니다. 방송을 시작하기 전에 꼭 스마트폰의 방해 금지 모드 설정을 활용해 알림을 차단합니다.

인터넷 설정 확인하기

라이브커머스를 촬영할 때는 유선 연결 방식으로 인터넷을 연결하는 것이 가장 안정적입니다. 일반적으로 스마트폰에서 많이 사용하는 LTE나 4G, 5G 환경에서 라이브커머스를 진행하면 방송이 끊기는 경우가 자주 발생합니다. 중요한 장면이 끊기거나 방송이 매끄럽게 진행되지 않는다면 방송에 좋지 않은 영향을 줍니다.

송출 화면 체크하기

실제 방송 전에는 리허설을 해보며 송출 화면을 체크하는 것을 권장합니다. 리허설 방송 기능을 제공하는 플랫폼에서는 바로 리허설을 진행하고 리허설 방송 기능이 없는 플랫폼에서는 리허설 방송이라고 제목을 설정한 후 테스트 방송을 해볼 수 있습니다. 마이크 음성 상태, 화면 구도, 영상 필터나 효과를 리허설 방송을 통해 송출 화면을 확인해봅니다.

라이브커머스 진행 노하우

라이브커머스를 시작할 때 부담을 느끼는 이유 중 하나가 '방송을 하려면 말을 굉장히 잘해야 한다'고 생각하기 때문입니다. 라이브커머스를 시작하는 대다수의 사람들이 전문적인 쇼호스트가 아니다 보니 방송 출연에 긴장을 하는 경우가 많습니다. 이번에는 경험이 많지 않은 초보자도 긴장하지 않고 당당하게 라이브커머스를 진행할 수 있는 방법을 소개하겠습니다.

단순 나열은 금지!

'첫 번째는 A사의 가방입니다. 두 번째는 B사의 신발입니다. 세 번째는 C사의 향수입니다'와 같이 단순하게 상품을 나열해 소개하는 경우를 종종 보게 됩니다. 하지만 상품을 나열하는 것만으로는 사람들의 관심을 끌기 어렵습니다. 제품에 대한 단순 정보는 방송을 보지 않고도 다른 매체를 통해 충분히 다 알 수 있는 정보이기 때문입니다.

같은 상품이라도 강렬한 인상을 줄 수 있는 내용을 넣는 것이 중요합니다. 다른 제품보다 어떤 점이 좋은지 구체적으로 설명합니다. 예를 들어 우리 제품과 타 제품의 패키지 구성 방식을 비교하는 동시에 우리 제품을 구매하면 얻을 수 있는 혜택을 소개하는 방식으로 좀 더 나은 점을 어필합니다.

실생활에서 제품을 활용할 수 있는 팁을 소개하는 것도 좋은 방법입니다. 사람들은 이 제품이 삶에 실질적으로 어떤 도움을 주는지에 관심이 있습니다. 예상치 못한 돌발 상황에서 이 제품을 어떻게 활용하면 좋은지를 소개하는 것도 좋습니다. 돌발 상황을 연출하면 사람들에게 심리적, 시각적 자극을 주게 되고, 제품을 통해 상황을 해결하는 모습이 재미있게 보여서 보는 사람의 긴장도 풀리고 분위기를 부드럽게 가져갈 수 있습니다.

효과 제시하기

제품을 사용함으로써 얻을 수 있는 효과를 구체적으로 설명하면 사람들은 흥미를 갖기 마련입니다. 제품의 효과를 설명할 때는 제품 성분에 대한 이야기보다는 직접 사용하는 모습을 보여주는 등 시각적인 인상을 심어주는 것이 좋습니다.

희소성 강조하기

'마지막', '단 하나의', '유일한' 등의 희소성을 강조하는 키워드를 사용하면 상품의 가치를 어필할 수 있는 효과가 있습니다. 대표적으로 사용하는 멘트로는 '마지막 세일', '단 한 번만 진행하는 이벤트' 등이 있습니다. 소비자들은 이런 문구가 광고를 위한 문구일 것이라고 생각하면서도 '진짜 이번이 마지막이면 어쩌지' 하는 불안감을 느끼며 구매하는 경우가 많습니다.

구체적인 숫자 표기

제품 효과를 소개할 때 '제품이 좋다', '효과적이다'라고 홍보하는 것보다 구체적인 숫자를 제시하면 더 강한 인상을 줄 수 있습니다. 예를 들어 '많은 사람이 극찬한 트리트먼트'보다는 '100명의 여대생이 극찬한 트리트먼트'로 수치를 구체화하면 사람들에게 더 직접적이고 명확한 근거를 전달할 수 있습니다.

또 '짧은 기간에 다이어트 효과를 볼 수 있습니다' 대신 '11일 만에 11kg을 뺄 수 있습니다'와 같은 구체적인 수치를 말하면 사람들에게 신뢰감을 줄 수 있습니다.

지금까지 쉽게 따라 할 수 있는 라이브커머스 진행 노하우를 소개했습니다. 이 방법들만 잘 따라 해도 이전보다 더 효과적인 라이브커머스 방송을 진행할 수 있을 것입니다.

풍성한 라이브커머스를 위한 꿀팁

다음으로 라이브커머스를 풍성하게 만들 수 있는 꿀팁 몇 가지를 소개하겠습니다.

제품 박스 활용해 구도 잡기

제품 박스를 활용해 제품을 잘 표현할 수 있는 카메라 구도를 찾아봅니다. 제품 박스를 세우거나 눕혀보는 등 다양하게 시도하면서 예쁜 구도를 찾습니다. 제품 박스가 아니더라도 제품을 표현할 수 있는 소품이나 장식을 찾아 구도에 활용할 수 있습니다.

제품 특징 반드시 공부하기

제품의 기본적인 사용법만 알고 있는 것과 제품의 특징을 자세히 알고 있는 것에는 큰 차이가 있습니다. 제품을 제대로 분석하면 제품 설명의 퀄리티가 달라지는 것은 물론이고, 방송 콘셉트를 잡기도 훨씬 쉬워집니다.

방송 요일, 시간대 잘 선택하기

일반적으로 한 주를 시작하는 월요일과 화요일에는 피로감이 몰려오기 때문에 사람들의 구매 의욕이 떨어집니다. 특히 월요일, 화요일 낮 시간대는 판매에 적합하지 않습니다. 좋은 제품을 구성했는데도 판매량이 좀처럼 오르지 않는다면 방송 요일이나 시간대를 재고하는 것이 좋습니다. 금요일이나 토요일, 평일이라면 낮보다는 저녁 시간대를 권장합니다.

화면이 풍성해 보이도록 제품 배치하기

화면에 제품이 꽉 차 보이도록 배치하면 제품 구성이 풍성해 보이는 효과가 있습니다. 스마트폰 카메라로 사진을 찍었을 때 사진 양쪽 끝 지점을 기준으로 제품을 꽉 차게 배치합니다.

필터와 보정 효과 적극적으로 활용하기

스튜디오에서 조명을 사용해도 화면이 어딘가 부족해 보인다면 필터나 보정 효과를 활용합니다. 다양한 필터를 적용해보고 제품이 가장 예쁘게 보이는 필터를 사용합니다.

SNS로 적극적인 바이럴 마케팅하기

인기가 많은 라이브커머스 방송을 자세히 살펴보면 여러 SNS 채널을 통해 홍보하는 것을 알 수 있습니다. 예를 들어 라이브커머스는 네이버에서 진행하지만 이를 인스타그램, 유튜브 등 다양한 SNS를 통해 홍보합니다. 바이럴 마케팅을 통해 상품에 대한 정보를 미리 제공하면 고객의 관심을 유도할 수 있습니다.

판매 전략 선택하기

라이브커머스에서 제품을 판매하는 방법은 세 가지가 있습니다. 사입 판매, 제조 판매, 위탁 판매입니다.

사입 판매

제품은 보통 도매상에서 소매상을 거쳐 구매자에게 이동합니다. 사입 판매는 소매상의 역할을 하는 것으로, 도매상에게 많은 양의 물건을 저렴하게 구매하여 소비자에게 판매하는 방법입니다. 다만 제품 종류가 다양할 경우 재고 관리를 해야 하는 어려움이 있습니다.

제조 판매

직접 공장을 설립해서 제품을 생산해 판매하는 방식입니다. 타 제조사와 협업해서 공동으로 제품을 만들고 지분을 공유하는 방법도 여기에 포함됩니다. 원가를 대폭 절감할 수 있지만 공장을 설립할 자본이 투입되어야 하므로 시장에서 제품을 판매해본 경험이 있고 시장 흐름을 읽을 수 있는 사람에게 권장합니다.

위탁 판매

도매상에게 제품을 직접 구입하지 않고 판매 중개 역할만 하며 택배나 포장 처리는 도매상이 담당하는 방법입니다. 재고 관리가 쉽다는 장점이 있지만 제품이 여러 유통 과정을 거쳐야 하므로 마진이 적습니다.

판매하는 제품 브랜드의 특징, 나의 상황 등을 고려하여 판매 전략을 알맞게 선택합니다.

SNS로 라이브커머스 준비 과정 기록하기

라이브커머스가 등장하면서 스마트폰만 있으면 누구나 손쉽게 방송으로 제품을 판매할 수 있게 되었습니다. MZ세대가 쉽게 접할 수 있는 SNS 플랫폼과 온라인 마켓에서 라이브커머스를 진행하면 제품 판매에 크게 도움될 수 있습니다. 라이브커머스를 더 잘 활용하고 싶다면 라이브커머스를 꾸준히 진행하는 것도 좋지만 방송 준비 과정을 매일 기록하는 것도 좋은 방법입니다.

준비 과정을 기록할 때는 SNS에 공개글을 남기는 방법을 추천합니다. SNS 공개글은 라이브커머스 시청자에게 열과 성을 다해 준비를 하고 있다는 인상을 심어줄 수 있습니다. 또한 누구나 볼 수 있는 기록이 되므로 라이브커머스를 좀 더 꼼꼼하게 준비하는 원동력이 됩니다. 라이브커머스를 마친 후 부족한 점은 없었는지, 다음 방송에서 보완할 점은 없었는지 복기할 수도 있습니다. 나날이 발전해가는 스스로의 모습을 보며 자신감을 얻기도 합니다. SNS에 라이브커머스 준비 과정을 기록하는 간단한 가이드를 소개하겠습니다.

SNS에 라이브커머스 예고편 업로드하기

01 글 도입부에는 인사말을 작성합니다.

02 라이브커머스를 진행하는 플랫폼을 적습니다. 카카오, 네이버, CJ 등 다양한 플랫폼 중 어느 곳에서 라이브커머스를 진행하는지 구체적으로 명시합니다.

03 라이브커머스 촬영장을 찍습니다.

04 촬영장은 어떤 모습인지, 라이브커머스가 시작하기까지 얼마나 남았는지 등 소소한 내용을 설명합니다.

05 오늘 라이브커머스에서 판매할 제품을 간단히 소개합니다. 제품 사진도 함께 첨부합니다.

06 오늘의 콘셉트를 소개합니다. 예를 들면 '오늘 라이브커머스는 친근한 동네 언니처럼 이제껏 보지 못한 진솔한 모습을 보여드릴 예정입니다!'라고 적을 수 있습니다.

07 본인의 상태를 언급합니다. 오늘 컨디션이 좋다거나 의상에 대한 설명 등을 적습니다.

08 마이크나 이름표 등 라이브커머스에서 사용할 소품 사진

을 보여줌으로써 준비가 되었음을 어필합니다.

이렇게 여덟 단계로 작성하면 인스타그램에는 여덟 장의 카드 뉴스 형식으로 업로드할 수 있고, 블로그에도 간단하게 업로드 할 수 있습니다. 또 유튜브에 준비 영상을 기획해 업로드할 수 도 있습니다.

👤 찾아보기

👤 찾아보기